生と死の日本思想

現代の死生観と中世仏教の思想

佐々木馨・著

Transview

生と死の日本思想——現代の死生観と中世仏教の思想——＊目次

第Ⅲ部　中世新仏教の死生観

装幀　志岐デザイン事務所（下野　剛）

生と死の日本思想

現代の死生観と中世仏教の思想

プロローグ

「人間……わしは産《うま》れた。そして太陽の光を浴び、大気を呼吸して生きてゐる。ほんとに私は生きてゐる。（中略）愛すべき娑婆《しゃば》よ、わしは煩悩《ぼんのう》の林に遊びたい。千年も万年も生きてゐたい。いつまでも。いつまでも。」

「顔蔽《おお》ひせる者……お前は何者ぢゃ。」

「人間……私は人間でございます。」

「顔蔽ひせる者……では『死ぬるもの』ぢゃな。」

「人間……私は生きてゐます。私の知ってゐるのはこれきりです。」

「顔蔽ひせる者……お前はまたごまかしたな。」

「人間……私の父は死にました。父の父も。お、私の愛する隣人の多くも死にました。しかし私が死ぬるとは思はれません。」

「顔蔽ひせる者……お前は甘えてゐるな。」

「人間……わたしは恐れてはゐます。もしや死ぬのではなからうかと。……ああなたは私の心を見抜きましたな。本当は私も死ぬのだらうと思ってゐるのです。（以下略）」

「顔蔽ひせる者……それは本当ぢゃ。禽獣草木魚介の族《やから》と同じく死ぬるものぢゃ。」

「人間……あなたはどなたでございますか。その威力ある言葉を出すあなたは？」

「顔蔽ひせる者……わしは死なざるものに、事《つか》へる臣ぢゃ。お前はわしを知らぬかの。」

と、読み進めるにつれ、教室のおしゃべりは次第におさまった。先ほどのザワザワした騒音がうそのように静かになった。私の担当する「生と死の日本仏教」の授業の開始場面。

「千年も万年も生きてゐたい。いつまでも。いつまでも」長生きしたいと必死に願う「人間」と、「死なざるものに事《つか》へる臣」の「顔蔽ひせる者」との間に交わされる、まさに生と死との息詰まる葛藤ないしは衝突。死を超越した無限の絶対者（神・仏）の使者の前には、どうしようもなく屈服を余儀なくされていく有限の人間。

　この生と死を象徴した「人間」と「顔蔽ひせる者」との緊迫した会話は、他でもなく、倉田百三の戯曲『出家とその弟子』の冒頭部分である。その冒頭部分には、その名もずばり、「序曲　死ぬるもの」というタイトルが付され、インパクトもすこぶる強烈である。

　学生たちは、配布されたこの続きを黙読しながら、いよいよ真剣な眼差しになっていく。その「序曲　死ぬるもの」の黙読が終わったところで私は、先日、知人の葬儀で聴いた教会の牧師さんの話を紹介した。

「人はどんな人でも、必ずこの世で一度は教えを示します。それは、人間誰しも必ず死んでいくという教えです」。

この避けがたい最も運命的な人間の死を、自分の死と重ね合わせたのであろうか、教室のあちこちから、小さなタメ息が聞こえてくる。

私たちはこのように、「死」という出来事に最も敏感となる。かけがえのない肉親や親しい知人の死を火葬場で見送り、白骨化して迎えるあの一瞬。死という冷酷な現実を目《ま》のあたりにした私たちは、どんな人でも言葉を失ってしまう。荼毘《だび》に付されたのち、浄土真宗にあっては、次の「白骨《はっこつ》のご文章《ぶんしょう》」が必ず住職によって唱えられる。

「それ人間の浮生《ふしょう》なる相《そう》を、つらつら観《かん》ずるに、おほよそはかなきものは、この世の始中終《しちゅうじゅ》、まぼろしのごとくなる一期《いちご》なり。されば、いまだ万歳《まんざい》の人身《にんじん》をうけたりという事をきかず。一生すぎやすし、いまにいたりて、たれか百年の形躰《ぎょうたい》をたもつべきや。我やさき人やさき、けふともしらずあすともしらず、おくれさきだつ人は、もとのしずくのすえの露よりもしげしといへり。

されば、朝《あした》には紅顔《こうがん》ありて、夕《ゆうべ》には白骨となれる身なり。すでに无常《むじょう》の風きたりぬれば、すなわちふたつのまなこ、たちまちにとぢ、ひとつのいきながくたえぬれば、紅顔むなしく変じて、桃梨《とうり》のよそほひをうしなひぬるときは、六親眷属《ろくしんけんぞく》あつまりて、なげきかなしめども、更にその甲斐《かい》あるべからず。さてしもあるべき事ならねばとて、野外におくりて、夜半《よわ》のけぶりとなしはてぬれば、白骨のみぞのこれり。あはれというも、中々おろかなり。
されば人間のはかなき事は、老少不定《ふじょう》のさかひなれば、たれの人もはやく、後生《ごしょう》の一大事を心にかけて、阿弥陀をふかくたのみまいらせて、念仏まうすべきものなり。あなかしこあなかしこ」。

蓮如（一四一五～一四九九）のこの「白骨のご文章」の「朝には紅顔ありて、夕には白骨となれる身なり。すでに无常《むじょう》の風きたりぬれば、すなわちふたつのまなこ、たちまちにとぢ」の部分に至れば、私たちの多くは、人間のはかなさ、世の無常をいやおうなしに、心の底から実感する。

私たちにこの「無常」観が説かれる意義にはいろいろある。(1) 一つには、近親の人の死などによって世の無常を感じ、宗教心を起こすことになる。私たちは得意の間は何ごとも反省しないで過ごすことが多いが、失意の状態になると自己反省をするようになる。自己反省を通して、これまで知らなかった正しい眼が開け、自分や世間の欠陥を知り、そこに宗教心の芽ばえが生ずる。

二つには、無常を観ずることによって、これまでの執着や驕慢《きょうまん》（おごり）の心を捨てさせることになる。無常であるから、私たち自身も、また財産や地位、名誉もいつ失われるかも知れないという自覚を抱くことになるのである。

三つには、私たちは無常観を通して、寸時を惜しみ、精進努力をする決意へと導かれる。無常であるから、いま現在の一瞬一瞬を大切にし、すべての行為に最善を尽くすことが重要であると教えられる。私たちは無常観から「一期《いちご》一会《いちえ》」の尊さ、意味を学ぶことになるのである。死とは、それほどまでに、私たちにとって避けがたく、厳粛《げんしゅく》に受けとめ、直視しなければならない、文字通り一生の一大事である。

山崎豊子さんの『大地の子』は、私たち日本人の多くの涙をさそい、大きな感動を与えた。戦争により、生きた人間同士が行方もわからず引き裂かれる無情で悲惨な修羅場に、多くの人は涙した。映画化されたあの切ないかずかずの場面に、死の残酷を改めて思い知らされた。戦前・戦中期の日本では、この『大地の子』さながらに、死は私たちの目に見える形で存在していた。この時代は、生と死がいつも隣り合わせになって身近にあった。医療施設が十分に整備をみない時代でもあり、「家で生まれ、家で死んでいく」のが常であった。子供たちも、弟や妹のうぶ声を自分の家の中で聴き、その子守りをしながら兄弟姉妹として過ごすのが一般であった。ひとたび家族の中に不幸があれば、悲痛な叫びと、とどめようのない涙が家を丸呑みするなか、最期の見送りをするのも自宅であった。

それが現代では、どうであろうか。改めて言うまでもなく、現代は「病院で生まれ、病院で死んでいく」時代になった。私たち人間の生と死の環境は大きく変わった。医療技術や設備の著しい進歩と充実に支えられ、私たちは医学に全幅の信頼を寄せせつつ、一方では「自分が死ぬこと」すら忘れかねない時代に生きている。

しかし他方では、現代社会に固有のストレスが引き金となった自殺や交通事故死に象徴される、現代的な死と直面しながら生きてもいる。

そのような状況のなか、一九九七年に施行された「脳死・臓器移植法」を一大契機に、あらためて「生と死」の問題が私たち一人ひとりに、今日的課題として覆《おお》いかぶさってきた。この二十一世紀は、「死を忘れかけ」ながらも、決して忘れられない時代である。「脳死」と「臓器移植」という、前代に経験したことのない未知の事象をきっかけに、私たち一人ひとりの死生観が問われていると言えよう。現代ほど自分の死を直視し、真剣に考えることを求められている時代はない。本書がそうした時代的要請を考える上で少しでも貢献できるなら、これに勝る喜びはない。

本書は全体を三部構成にし、第Ⅰ部の「現代日本人の宗教意識」では、現代における日本の宗教事情と宗教意識を問うことから始める。第Ⅱ部では、これをうけて、「現代人の死の見方」のタイトルのもと、私たちは死をどのように捉え、それとどう対面しているかに構造的に迫ってみることにした。

戦後半世紀が経過した今、私たちの多くは自分の「生と死」という一大問題を考える上で決定的な意味をもつ「生きざまと死にざま」について、ひと筋の道すら見出せずにあえぐことが多い。そうした現代的な状況に照らして、試論的に「中世新仏教の死生観」と題して、中世鎌倉の仏教世界を照射し、そこに日本的な死生観の原風景をみようとしたのが第Ⅲ部である。その具体的な実践者としての中世人は、現代の私たちの「生きざまと死にざま」を考える上で、ひとつの大きな指標になるであろう。

全体的に、史料は史料として忠実に復原することに心がけながら、併せて、現代人の生《なま》の声をできるだけ反映させるため、各種のアンケートや新聞資料にも目配りして、「生と死」を考える素材を、『生と死の日本思想』と銘打って提供した。

第Ⅰ部　現代日本人の宗教意識

第一章　日本は宗教の博物館

日本人の価値観に決定的な影響を与えてきた思想ないしは世界観を大局的にふり返れば、大別して二つの大きな思潮があげられる。

一つは、日本的といわれる在来の神々の集合体である「神祇《じんぎ》信仰《しんこう》」もしくは神社を中心に祀《まつ》られる神道である。この神道が、皇室の祖神たる天照太神を祭祀《さいし》し、日本の国家神として崇信を集めて、世に言う「神国思想」を形成してきたことは、人のよく知るところである。日本の歴史の上で、常に一貫して天皇制を推し進める思想母胎となってきた、日本を象徴する価値体系でもある。

この日本的な神道を「自宗教」とすれば、もう一つの思潮は外国から移入された「異宗教」である。この「異宗教」の代表格は、五世紀に受容された儒教、六世紀に迎えられた仏教、十六世紀に伝道されたキリスト教の三つである。この三つの外来宗教は、「自宗教」の神道とさ

表1　日本国の宗教信者数

神道系	・文部大臣所轄宗教法人信者数	95,953,951
	・都道府県知事所轄包括宗教法人信者数	257,232
	・その他	216,552
		（教団総数　176）
	小　計	96,427,735
仏教系	・文部大臣所轄宗教法人信者数	61,996,616
	・都道府県知事所轄包括宗教法人信者数	459,330
	・その他	755,306
		（教団総数　193）
	小　計	63,211,252
キリスト教系	・文部大臣所轄宗教法人信者数	916,011
	・都道府県知事所轄包括宗教法人信者数	3,896
	・その他	6,418
		（教団総数　81）
	小　計	926,325
諸教	・文部大臣所轄宗教法人信者数	6,874,650
	・都道府県知事所轄包括宗教法人信者数	33,893
	・その他	1,800
		（教団総数　35）
	小　計	6,910,343
合計		167,475,655
		（教団総数　485）

まざまな思想交渉をくり返しながら、たとえば儒教のように時には国家体制の屋台骨を支えてきた。現世中心の此岸《しがん》主義をとる儒教とは対照的に、来世中心の彼岸主義を旨とする仏教とキリスト教は、その時代の歴史にマッチした教えを説き、広く日本人の心を捉えてきた。

こうした日本的な「自宗教」と外来の「異宗教」が奇妙にも共存している日本の宗教事情を指して、よく「日本は宗教の博物館」だと評する。この評言を確認し、さらにその具体的な様相を探るため、文化庁編の『宗教年鑑』（平成九年度版）をもとに作成したのが、次の表1～4の統計資料である。これをもとに、「日本は宗教の博物館」と言われる理由ないしは現状を考

表2　文部大臣所轄宗教法人信者数

(1)　神道系

神社神道系	神社本庁	91,095,550
	出雲教	150,270
	その他	428,241
		（教団総数　66）
	小　計	91,674,061
教派神道系	出雲大社教	1,252,318
	金光教	430,189
	神理教	289,574
	黒住教	296,675
	神習教	263,838
	金刀羅本教	226,840
	大本教	173,513
	世界心道教	106,587
	その他	685,343
		（教団総数　80）
	小　計	3,724,877
新教派系	大日本大道教	151,213
	心睦教団	101,912
	その他	301,888
		（教団総数　47）
	小　計	555,013
合計		95,953,951

(2) 仏教系

天台宗	天台宗	613,295
	念法真教	543,625
	孝道教団	402,501
	天台寺門宗	376,590
	金峰山修験本宗	177,160
	修験道	106,218
	その他	440,569
		(教団総数 20)
	小　計	2,659,958
真言宗	高野山真言宗	5,486,000
	真言宗智山派	1,538,101
	真言宗豊山派	1,207,024
	真如苑	753,569
	信貴山真言宗	517,300
	光明念仏身語聖宗	420,968
	中山身語正宗	382,290
	解脱会	206,959
	卍教団	186,888
	真言三宝宗	171,561
	一切宗	135,730
	真言宗金毘羅尊流	127,900
	光明真言宗	102,513
	その他	1,741,463
		(教団総数 46)
	小　計	12,978,266

察してみることにしよう。

表1は、日本における現在の宗教信者数である。これによれば、宗教の内訳は神道系、仏教系、キリスト教系、諸教の四宗教となっている。その総計は、文部大臣（当時）、都道府県知事の所轄および「その他」（宗教法人になっていないが、それに包括される団体のうちに宗教法人がある包括宗教団体）を合わせて、一億六千七四七万余人を数える。日本の総人口の一億二千

万人を超過する信者がいることは、二重信仰者の存在を裏づけている。この信者の総数を見る限り、日本人は甚だ宗教的であるといわざるをえない。ちなみに、神道系の信者数の九千六四〇万余は日本の総人口の約八〇％を占め、同様に仏教系の六千三二〇万余は約五三％に当たる。キリスト教系と諸教は各々、総人口の〇・七％、五・七％を占める。

四つの宗教がそれぞれどれほど教団を持っているかといえば、神道系が一七六、仏教系が一

浄土系	浄土真宗本願寺派	6,940,573
	浄土宗	6,032,762
	真宗大谷派	5,533,146
	真宗高田派	223,953
	融通念仏宗	130,000
	浄土宗西山禅林寺派	217,700
	西山浄土宗	165,100
	浄土宗西山深草派	82,109
	時　宗	57,556
	その他	188,313
		(教団総数　23)
	小　計	19,571,212
禅宗	曹洞宗	1,579,301
	黄檗宗	353,472
	臨済宗妙心寺派	327,487
	臨済宗建長寺派	263,300
	一畑薬師教団	263,177
	その他	484,001
		(教団総数　22)
	小　計	3,270,740
日蓮宗	立正佼成会	6,144,129
	日蓮正宗	5,765,643
	日蓮宗	3,813,791
	霊友会	1,885,734
	仏所護念会教団	1,783,080
	妙智会教団	1,026,668

日蓮宗	法華宗（本門流）	544,740
	本門仏立宗	368,318
	最上稲荷教	311,104
	大乗教	299,847
	大慧会教団	251,996
	妙道会教団	219,380
	法華宗（真門流）	180,370
	日蓮法華宗	117,111
	法師会教団	112,800
	顕本法華宗	100,971
	その他	380,593
		（教団総数 38）
	小 計	23,306,275
奈良仏教系	真言律宗	105,500
	華厳宗	44,282
	律 宗	29,500
	その他	21,510
		（教団総数 6）
	小 計	200,792
その他		（教団総数 2）
	小 計	9,373
合計		61,996,616

九三、キリスト教系が八一、諸教が三五の総計四八五にも上るのである。実はこの教団数が、「日本は宗教の博物館」であることを立証している動かぬ事実なのである。

次に表2に目を転ずると、ここには文部大臣所轄の宗教法人信者数を、主要な教団を挙げながら各宗教ごとに集計している。(1)の神道系では、神社神道系の神社本庁の信者数が九千万余人と、圧倒的な数を誇る。教派神道系では、出雲大社教の一二五万余と、金光教の四三万余が

(3)　キリスト教系

旧教	カトリック中央協議会	440,189
	カトリック東京大司教区	(83,331)
	カトリック大阪大司教区	(55,666)
	カトリック横浜大司教区	(51,206)
	宗教法人カトリック福岡司教区	(31,111)
	カトリック名古屋司教区	(24,699)
	カトリック広島司教区	(21,113)
	カトリック京都司教区	(20,931)
	カトリック浦和司教区	(19,131)
	日本ハリストス正教会教団	15,368
		(教団総数　14)
	小　計	455,557
新教	日本基督教団	140,526
	日本聖公会	57,649
	イエス御霊教会教団	40,792
	日本バプテスト連盟	33,211
	日本福音ルーテル教会	22,055
	末日聖徒イエス・キリスト教会	19,665
	セブンスデー・アドベンチスト教団	13,975
	日本キリスト教会	13,420
	イムマヌエル綜合伝道団	12,658
	日本イエス・キリスト教団	12,528
	その他	93,975
		(教団総数　44)
	小　計	460,454
合計		916,011

注意をひく。

(2)の仏教系では、天台宗が二六五万余、真言宗が千三〇〇万弱、浄土系の浄土真宗本願寺派が七〇〇万弱、浄土宗が六〇〇万余、真宗大谷派が五五〇万余であり、禅宗では千五八〇万弱の曹洞宗が目立つ。そうした中にあってひときわ目をひくのは、何といっても、日蓮宗の二千三三〇万余に及ぶ信者数であろう。その内訳をみると、一番多いのが立正佼成会の六一四万余であり、日蓮正宗（創価学会）がこれに次ぐ五七〇万余、日蓮宗が三八〇万余、霊友会が一八八万余である。

(3)はキリスト教系であるが、旧教と新教はほぼ同数の四六万人前後であり、教団単位でも、一〇万人を超える信者を擁するのは、四四万余と群を抜くカトリック中央協議会と、一四万余の日本基督教団の二教団である。カトリック中央協議会は総称であり、実体は各地域に平均的に散在している。

(4)は諸教であるが、その数は六八七万余を数える。中でも、一九〇万余に上る天理教と一一六万余のパーフェクトリバティー教団、八七万余の生長の家、八三万余の世界救世教の信者数

(4) 諸教

天理教	1,919,451
パーフェクトリバティー教団	1,164,885
生長の家	875,192
世界救世教	835,756
天照皇大神宮教	459,357
円応教	452,621
善隣教	358,112
その他	809,276
	(教団総数 30)
合　計	6,874,650

は注目される。

一方、表3は都道府県知事が所轄する宗教法人の信者数である。その中でことに注意すべきは、二〇万人の信者数をもつ神道系の大山阿夫利神社本庁と、四三万余の仏教系の北法相宗である。

表3　都道府県知事所轄包括宗教法人

神道系	大山阿夫利神社本庁	200,000
	神社司庁	45,000
	その他	12,232
		(教団総数　7)
	小　計	257,232
仏教系	北法相宗	430,660
	真言宗中山寺派	16,515
	その他	12,155
		(教団総数　11)
	小　計	459,330
キリスト教系	カトリック長崎大司教区	(69,050)
	カトリック札幌司教区	(17,656)
	カトリック鹿児島教区	(9,358)
	沖縄バプテスト連盟	3,375
	日本伝道福音教団	501
	その他	20
		(教団総数　8)
	小　計 (　) はカトリック中央協議会の内数	3,896
諸教	大宇真霊教	33,893
		(教団総数　1)
	小　計	33,893
合計		754,351

表4　その他（宗教法人になっていないが、その団体のうちに宗教法人がある包括宗教団体）

神道系	天光教	150,505
	広島県神祇院	26,430
	神理真心教本庁	15,758
	その他	23,859
		（教団総数　26）
	小　計	216,552
仏教系	辯天宗	301,793
	阿含宗本庁	278,561
	真言宗室生寺派	57,300
	真宗木辺派	49,800
	羽黒山修験本宗	18,940
	その他	48,912
		（教団総数　27）
	小　計	755,306
キリスト教系	日本フリーメソジスト教団	2,472
	日本長老教会	1,713
	その他	2,233
		（教団総数　15）
	小　計	6,418
諸教	泰山教団	980
	その他	820
		（教団総数　4）
	小　計	1,800
合計		980,076

最後は**表4**の「その他」であるが、ここでは神道系の天光教が一五万余、仏教系の辯天宗の三〇万余、さらに阿含宗本庁の二八万弱の信者数が注目される。

主要な教団に限定して、その信者数を神道系、仏教系、キリスト教系、諸教の中に整理し、その具体的な数字を表にした2～4を改めて見直すと、やはり、この表中に摘記しなかった小教団を含めた総数四八五教団が、なんといっても日本人の宗教観の多様性を物語る数字であり、「日本は宗教の博物館」であることをもののみごとに立証している。

各宗教の信者数と教団数を見る限り、現代の日本は「宗教の博物館」であるだけでなく、じつに「信仰豊かな」国柄であるといわざるをえない。

第二章　多重信仰の実態

無信仰の信仰

現代の私たちに、どのように生きるべきかを教え示された書物のひとつに、量義治《はかりよしはる》氏の『無信仰の信仰』(2)がある。ヨーロッパのキリスト教の歴史を現代との関わりのなかで考察したものである。氏はその中で、十九〜二十世紀に行なわれたキリスト教批判について触れ、フォイエルバッハの『哲学の改革の必然性』を引用・紹介している。

「信仰に代わって無信仰が、聖書に代わって理性が、宗教と教会に代わって政治が、天に代わって地が、祈りに代わって労働が、地獄に代わって物質的困窮が、キリスト教者に代わって人間が、登場してきた」。

フォイエルバッハによれば、十九世紀の西欧はキリスト教が支配した神学の時代が終わり、神なき無信仰の時代に入ったのである。この哲学史的な捉え方は、二十世紀のニーチェにも継承され、ニーチェをして「ゴット・イスト・トートゥ（神は死んだ）」と言わしめた。ニーチェは二十世紀の世を、伝統的な哲学の崩壊と神の死を経験したニヒリズムの時代であると認識したのである。

量氏はこのように、西欧のキリスト教批判をフォイエルバッハとニーチェのなかに検証し、二十世紀は神が死んだ無信仰の時代と認めた上で、こう続ける。

「たしかに、ニーチェがいっているように、「われわれがかれを殺したのである」。しかし、かれは永遠に死に果てたのではありません。死から復活したもうたのであります。キリスト教はイエス・キリストの復活にもとづく宗教であります(3)」。

量氏はこのことを「イエスは十字架において、神無くして、神と共に在ったのであります。無信仰の信仰に生き、かつ死なれたのであります」とも説いている。

氏は「神無くして、神と共に在る」ことを「無信仰の信仰」と定義し、私たちの現代における生きざまをこう導き示した。

「現代は神無き時代すなわち無信仰の時代であります。このような時代においても、もし信仰というものが可能であるとするならば、それはイエスの無信仰の信仰をおいてはないでありましょう(4)」。

前章でみた日本人の〇・七％に当たる約九三万人のキリスト教信者が、この「無信仰の信仰」を日々実践しかつ信じていることは、多言を要しない。

一般に、世界の三大宗教とは、キリスト教と仏教およびイスラム教を指す。その中で、仏教を宗旨とする日本人は、前章で確認したように、国民の約五三%に当たる六千三〇〇万強を数える。神道の信者においては九千六〇〇万強にも上る。

一方では、神が死んで「無信仰の信仰」の時代に入ったという。この世界史的な思想状況と、等しく普遍宗教である仏教がまったく無縁であるはずがない。日本における神道・仏教等の状況を、世界史的状況と対比し、どう捉えるべきであろうか。本章を「多重信仰の実態」と題したゆえんも、じつはここにある。

西欧中世において、その神学が国家や歴史全般をリードしてきた西欧キリスト教と、日本の神道や仏教とを単純に比較することは慎しまなければならない。しかし、仏教がキリスト教と同じく普遍宗教であること、また仏教の日本化の過程におけるさまざまな政治との関わりのなかで、前のフォイエルバッハの『哲学の改革の必然性』に散見する「宗教と教会に代わって政治が、天に代わって地が」という歴史状況に符合する場面に思いを致すとき、私たちは世界史的な脈絡を軽視することはできない。

日本の思想史においては、「信仰に代わって無信仰が、聖書に代わって理性が」、フォイエルバッハやニーチェが言うように、ドラスティックに変化したことは確認できないものの、その「信仰から無信仰」への変化・推移の営みは徐々にであれ、確認される。

鎌倉新仏教が誕生した前後を指して、よく日本における「宗教改革の時代」と言う。仏教に対する信仰心が最も純化し結晶したこの中世を境に、日本仏教が土着化なり世俗化していったことを想い起こせば、「信仰に代わって無信仰が、聖書に代わって理性が」徐々にであれ、日本においても現実のものとなったと言えなくもない。

結論的に言えば、奈良・平安時代の古代仏教から、中世の鎌倉新仏教へ、そして檀家制を基盤とする現代につながる既成仏教へと、この「無信仰の信仰」に近い状況が、長い歴史を経ながら進行してきたと考えられる。

檀家制に自らの経済基盤を求める既成寺院が、檀信徒と菩提寺の結びつきから、葬式仏教化してきたことは否めない歴史的事実である。そのプロセスにおいて、鎌倉新仏教の宗祖やその時代には見られない土着的な要素がとり入れられていく。

死と来世観に関係のある日本的なお盆や彼岸行事は、その例である。お盆はこれまで、インドの民間信仰に端を発し、中国の盂蘭盆《うらぼん》となった風習を、日本の仏教にとり入れたように理解されてきた。しかし、近年、生存中の親に対する感謝をこめた儀式としての「生盆《いきぼん》」の風習が残存する事実が発見されてから、日本のお盆の源流は、仏教伝来以前のわが国の先祖祭に求められるようになった(5)。こうした日本の在来的な民間先祖祭が、近世の檀家制と結びついた葬式仏教化のなかで、既成寺院の宗教儀式として採用され定着してきたのである。現代の仏教的色彩を帯びているお盆は、当初から既成寺院にあったのではなかった。

春分と秋分を彼岸の中日として、その前後一週間行なわれる彼岸もまた、その初めから仏教寺院に存在したものではなかった。死者供養としての彼岸は、あくまでも民間信仰に始まるもので、仏教の世界観とは別なるものであった(6)。お盆と同じように、仏教が鎖国制下、国教化して檀家との一体化を強めた近世において、この彼岸の風習も死者供養としてとり入れられたのである。お盆と彼岸は、仏教寺院による土着信仰のとり込みの例である。

普遍宗教としての日本仏教も、思想・教義の結晶化を達成した鎌倉新仏教のままでは決してなかった。お盆と彼岸の風習を例にみるように、近世の幕藩体制のもと、仏教は国教化し世俗化するなかで大きく変容していった。その変容は、前に引いたフォイエルバッハの「宗教と教会に代わって政治が、天に代わって地が」顕在化していくプロセスに符合する。

こうしてみれば、日本の仏教は、西欧のキリスト教と同じように、近世以降、仏教本来の教えが後退して「無信仰」状態に陥り、十九〜二十世紀には「無信仰の信仰」の時代に入ったとみてよいだろう。

日本人が欧米に旅行した際に、「あなたはどの宗教を信じていますか」と尋ねられ、答えに窮したあげく、「何も信じていません。私は無宗教です」と答えた話をよく耳にする。私たちは同じ立場に立った場合、相手にどう説明できるだろうか。胸を張って答えられる人は、そんなに多くはないだろう(7)。一神教のキリスト教を信じている人は、もちろん問題ないだろう。仏教系でも、立正佼成会や創価学会の「新宗教」の信者のように、ひとたび個人的な宗教体験や回心を経験した人は、きっと「私は何々を信じています」と確信をもって答えるに相違ない。

「あなたは何を信じていますか」の問いに一番困るのは、おそらく、近世以来、葬式仏教に慣れ親しみ、生活習慣としてお盆や彼岸の習慣をとり入れてきた既成仏教の信者ではなかろうか。この人たちは、近世よりこのかた、伝統的に「無信仰の信仰」を保ち続けてきたのであり、「私は何々を信じています」と答えられるはずもないのである。

日本的な信仰

それでは、既成仏教の信者のような「無信仰の信仰」ではない日本人は、どのような信仰を持っているのだろうか。結論を先取りして言えば、はなはだ「日本的な信仰」の姿がそこにはある。

この「日本的な信仰」は、大別して三つの信仰形態に分類できる。一つは神道系の信仰、二つは教派神道系、三つは新宗教である。

一つ目の神道は、神社を中心にした信仰である。これはおおむね、前述した「無信仰の信仰」の既成仏教に重なる。自分の家に「仏壇もあり、神棚もある」という、どこにでも見られるごく日本的な信仰である。別な言い方をすれば、神と仏を同時に祀る二重信仰である。これが、外国人に「あなたは何を信じていますか」と尋ねられて、「神道である」とも言えず、「仏教である」とも言えず、回答に窮するタイプ。信仰の形態でいえば、字句通り「神仏教」とでも答えたくなる、日本的な習合信仰である。

神道信仰の来歴は、日本国家の歴史そのものであり、その内容は決して平坦ではない。複雑多岐にわたる内容から、基本的な骨格のみをとり出し、次に少し紹介してみる(8)。

日本的な信仰の代表ともいえるこの神道信仰は、縄文時代から見られた山・川・草・木などの自然物にも霊が宿るとされるアニミズム信仰に始まる。大和地方を拠点に諸豪族との連合に成功した大和朝廷が、自ら国家の宗廟神としての「天照太神」という人格神を創出する際に、前代以来の自然崇拝＝アニミズムも同時に組み入れたのである。時に、四〜五世紀のことである。

日本人の神道信仰はこのように、自然崇拝と人格神の二本立てに始まった。人格神としての「天照太神」が歴史的に創り出されてからは、これが日本の天皇制の思想母胎となり、時代の別を越えて「神国思想」の名のもと、日本の歴史を貫流していった。神国思想はその性格上、国家内外の歴史的環境に左右されることが多い。より正確に言えば、そうした内外の歴史環境に応じて、神国思想がその体裁を整えていったと言えよう。

この神国思想を構成する重要な思想要因（ファクター）として、三つが考えられる。一つは、八世紀ごろに表出された「日本の国は神々によって守られている」という「神明擁護」のファクターである。二つ目は、「日本国を統治するのは天照太神の末裔《まつえい》であり、それ以外はありえない」とする「神孫降臨」のファクター。三つ目は、神によって守護され、天照太神の子孫が支配するこの日本は「神聖で他からの侵略などありえない」とする「国土神聖視」の考えである。この「神孫降臨」と「国土の神聖視」のファクターが思想として顕在化するのは、古代律令制国家が動揺を見せ始める十世紀のころである。こうした三つの思想ファクターをもつ神国思想が、これ以後、日本の宗教イデオロギーとして、天皇制を思想的にサポートしていくことになる。

神道信仰のもう一方の自然崇拝は、この神国思想とはちがい、庶民的な営みのなかに生成・展開する。山川草木に霊魂を信じた庶民は、一定の村落の形成に合わせて産土神《うぶすながみ》を勧請《かんじょう》する。言うなれば、自然を崇拝する庶民は、その拓いた地域の安全と、地域内の生業の実りを祈る産土神を生み出したのである。

このように、地域形成と表裏一体となって生成した産土神を祀る神社は、その住民にとって、集会の場であるとともに、娯楽の場でもあった点を見過ごしてはならない。住民の集いの場であり、憩いの場でもある産土神を祀る神社は、次第に祭礼を定期化していく。やがてそれが地域内の年中行事となり、生活習慣化していく。日本人の約八〇%に相当する人々が神道を信仰しているという実態は、人格神的に創り出された神国思想にもとづく信仰に拠るのでは、もちろんない。住民が地域内に勧請した産土神ないし神社に対する、ひたむきな信仰に拠るものである。

こうした神道信仰に次いで第二の日本的な信仰は、教派神道である。

明治政府は、右にみた神社を中心にした神社神道を国家神道体制に組み込み、もって近代天皇制の推進主体とする施策を、明治初年に始まる神仏分離・廃仏毀釈によって推し進めてきた。そのプロセスにおいて、幕末に誕生した現世利益を説く民衆宗教が「公認」の形をとりながら、国民教化の一翼として位置づけられていった。教派神道はその総称に他ならない。

それは、明治九年に公認された黒住教をはじめとし、同四十一年に認められた天理教に至るまでのつごう一三派を数える。具体的には、黒住・天理・金光教の各教のように幕末に教祖によって創始された宗教、修験道の系統をひく山岳信仰を再編成した扶桑教・実行教・御岳教および禊教・神理教・大社教・神習教・大成教・神道修成派などの国家神道的基盤にたつ神道系譜教をいう。黒住教は文化十一年(一八一四)、黒住宗忠が天照太神の神徳による治病祈禱によって一派を形成した。金光教は安政六年(一八五九)、山伏の説くたたりの神である金神信仰を福神化させて治病と招福を説き、天理教は天保九年(一八三八)、中山みきの神がかりによって成立した宗教である。

一三派のうち、農民・中小商工民らの階層を信者とする天理教だけは、開教の当初、現実・救済・平等・家族・反権力的な教義を掲げ天皇制絶対主義政府のあり方に批判的であったが、同教の発展に伴って生じたさまざまな摩擦を憂慮した教祖は晩年に及んで、国家権力への迎合・奉仕の道を歩むこととなった。以後、この教派神道一三派は国民教化に重要な役割を果たすが、太平洋戦争の国家神道体制の崩壊とともに、その歴史的役割を終えることとなる。(9)

日本的な信仰の三つ目は、「新宗教」である。前章では、立正佼成会、創価学会および霊友会は文部大臣（当時）の所轄宗教法人として、「日蓮宗」の部に分類されているが、その誕生・展開上、「新宗教」として扱うのが史実に適しているので、本書では「新宗教」として一括することとする。

日本の宗教で民衆に大きな影響を与えたものとして、この「新宗教」がある。それはおおむね、密教修験系と法華系の二つがあげられる。戦後の新興宗教のうち約七割が法華系であり、これに密教修験系が次ぐ。

法華系の主なものには、霊友会・創価学会・立正佼成会・妙智会・日本山妙法寺大僧伽・念法真教・孝道教団・解脱会・真如苑などがある。そのうち霊友会は前章でみたように、一八八万余、立正佼成会は最大の六一四万余、創価学会は五七六万余という厖大な信者数を誇る。その簡単なプロフィールを紹介しておこう。

霊友会は、大正八年（一九一九）、法華信者の久保角太郎（一八九三〜一九四四）が法華信者で霊能者の若月チセを中心に、戸次貞雄とともに作った「霊の友会」に始まる。大正十四年（一九二五）、立ち消えになっていた同会を、久保が義兄の小谷安吉とその妻喜美（一九〇一〜一九七一）を説いて会を再発足させた。昭和四年（一九二九）、小谷安吉が病死、若月・戸次らが同会を去ったあと、小谷喜美は義弟の久保の指導で一人前の霊能者に成長した。昭和五年（一九三〇）、久保は教典「青経巻《あおきようかん》」を作って、法華信仰と先祖供養を結合した教義を整備し、小谷が会長、久保が理事長となって布教活動を展開していった。日中戦争から太平洋戦争の間、宗教統制により新宗教の布教がほとんど停滞したなかにあって、霊友会は戦争協力と国策奉仕につとめ、その教勢を伸張させた。

一方、創価学会は、昭和五年、日蓮正宗信者の牧口常三郎（一八七一〜一九四四）と戸田城聖（一九〇〇〜一九五七）によって設立された、初等教育の研究実践団体である創価教育学会に始まる。同会は、昭和十二年（一九三七）から、日蓮正宗の講の形式をとる法華系新宗教として発展した。昭和十八年、同会は神宮大麻を祀ることを拒否したため、国家神道と相容れない異端的な教義として弾圧され、牧口は獄死した。

敗戦後の昭和二十一年、戸田は創価学会の名称で同会を再建した。それは、日蓮を末法の本仏、日蓮正宗総本山大石寺に祀る「大御本尊」（日蓮作とする板マンダラ）を礼拝対象に、江戸中期の大石寺の僧侶、日寛の大成した日蓮正宗教学と、プラグマティズムを基調とする牧口の「価値論」の哲学、および戸田の獄中体験にもとづく「生命論」を結合した実践的教義を奉ずる信仰団体である。戸田は王仏冥合の理想世界の実現を国立戒壇の建立のなかにみようと、政教一致主義のもと、昭和三十年（一九五五）ころから政界進出をはかった。戸田の没後、昭和三十五年（一九六〇）、戸田の秘書役をつとめた池田大作（一九二八〜）が会長となり、反共を基調とする政治進出を本格化していった。

立正佼成会は、昭和十三年（一九三八）に霊友会から分立した法華系の在家教団で、長沼妙佼《みょうこう》（一八八九〜一九五六）が霊能者、庭野日敬《にっきょう》（一九〇六〜一九九九）が組織者である。庭野は昭和十年に霊友会に入信し、翌年長沼を導いて入会させた。長沼は霊能者となるため修行を積み、昭和十三年、二人は会長の小谷喜美の指導に反発して霊友会を離れ、大日本立正佼成会をひらき、布教活動を展開していった。昭和二十年代後半には、東日本を基盤に、霊友会をしのぐ有力な法華系新宗教に発展した。その教義は、霊友会の法華信仰と先祖礼拝を結合した教義を継承してはいるが、個人の人格完成を強調する点などは、霊友会系の新宗教の中にあって独自なものといえよう(10)。

このような新宗教が興起した理由は何であろうか。次の諸点が指摘される。第一に、戦後信教の自由が保障されたものの、既成教団側は民衆の要求に的確に応じようとしなかったが、新宗教は敗戦による精神的虚脱・物質的困窮に対し、治病・商売繁昌・家庭円満などの現世利益の欲求に応じつつ、現実の幸福の追求と宗教とを巧みに結びつけた。第二に、農村からの都市への人口移動に乗じて、離村者のムラ的なものへの郷愁＝連帯感の欲求を満たした。第三に、座談会形式の布教活動を核としつつ、信徒個人が伝道者でもあるとして布教に生き甲斐を感じさせた。第四に生活規律をもち青壮年層・女性を対象にした。そして第五は、ブロック制の確立に示されるように、組織の近代化・合理化をはかるとともに、現実的・日常的な先祖崇拝・供養を重視したことである。

こうして誕生した新宗教は、これ以後も順調に教勢を伸ばしていった。これは、檀家制という旧来の伝統的な「家」制度に立脚する既成仏教にとって、えもいわれぬ脅威であったが、新宗教は昭和三十年以後、加速的に信者数を増やし続けて現在に至る。

創価学会は昭和三十七年、政治団体として公明政治連盟（公政連）を作り、院内交渉団体として公明会を結成し、宗教団体と政治団体の区別を明らかにしようとした。三十九年に及んで公政連を解消し、公明党を結党した。この創価学会の衆参両院における政治的進出に影響されてか、立正佼成会でも三十七年以後、参院選に会員を推し出している。また、「国民皆信仰、宗教協力」を提唱し、明るい社会をつくる運動などの社会的実践につとめるとともに、国際的には、世界宗教者平和会議の有力な構成団体として宗教平和運動を展開している。

朝鮮動乱による産業の復興と都市への人口移動に乗じて教勢を著しく伸張させたこれら新興宗教は、これより先の昭和二十六年に、ＰＬ教団・立正佼成会・世界救世教・生長の家などを中心とする新日本宗教団体連合会を発足させ、翌二十七年には日本宗教連盟に加盟して、実力団体の仲間入りをたし、創価学会も二十七年には宗教法人となっている。(11)

立正佼成会や創価学会に代表される新宗教の著しい台頭は、目を見張るものがある。先の「教派神道」といい、「新宗教」といい、この二つの信仰はともに個人的な回心や宗教体験を経ている点で、「無信仰の信仰」に甘んじる既成仏教と大きく異なる。この二つの信仰は、外国人に「あなたは何の宗教を信じていますか」と問われても、胸を張って「何々を信じ実践しています」と答えられるに相違ない。

こうしてみれば、現代日本の信仰は、ひとつに普遍宗教として日々伝道・信心に余念のないキリスト教と、旧来の伝統的な檀家制に立脚する既成仏教による「無信仰の信仰」という姿がある。またその一方で、既成仏教の二重信仰としての神道信仰と教派神道、さらには新宗教によって実践されている信仰の姿がある。現代日本人の信仰の実像は、まぎれもなく、この「無信仰の信仰」と「日本的な信仰」の多重信仰として結ばれている。

第三章　天皇と神道、仏教と葬式

青年の宗教意識

私は平成十一年（一九九九）一月に勤務先の学生二〇〇人に対して、一二項目からなる宗教意識のアンケートを実施した。表5がそのアンケート内容であり、表6がその集計結果である。対象とした学生は二〇歳前後であり、教員志望が多いものの、生活感覚的には平均的な青年層である。このアンケートの結果から、現代における青年の宗教意識を探ってみたい。

表5に見るように、アンケートの最初は神社に対するイメージについてである。まず(1)では、神社の戦争責任について聞いてみた。これを自覚的に受けとめている人は、二〇〇人中、わずか一五人である。その大半は神社に対する戦争責任を問おうとはしない。これは戦争そのものが半世紀を経て風化してきていることを示すものであることは、推測に難くない。前章にみたように、神社は天皇制の思想基盤として、国家神道の中に神社神道の形で組織されつつ、地域

表5　現代における青年の宗教意識

(1) 戦前、天皇崇拝の拠点として、戦勝祈願などをしていた神社に対して、あなたはその戦争責任を感じたことがありますか。次のうち一つを選び、その理由も記入して下さい。

イ．はい　　ロ．いいえ　　ハ．どちらでもない

(2) 上記(1)の神社に対して、あなたは初詣や現世利益（交通安全・学業成就などの諸祈願）を求めることに違和感を抱いていますか。次のうち一つを選び、その理由も記入して下さい。

イ．はい　　ロ．いいえ　　ハ．どちらでもない

(3) 現代の神社は、地域社会の中で、宗教施設としてどのような役割を果たしていると思われますか。具体的に記入して下さい。

(4) あなたは葬式や仏事法要などの先祖供養を必要と思いますか。次のうち一つを選び、その理由も記入して下さい。

イ．はい　　ロ．いいえ　　ハ．どちらでもない

(5) 上記(4)で「イ．はい」と答えた方にお聞きします。あなたが施主となったら、次のような葬式の形態のうち、どれを採り入れますか。次のうちから一つ選び、その理由を記入して下さい。

イ．伝統的で一般的な葬式　　ロ．近親者のみの密葬
ハ．故人を偲ぶ会　　ニ．近親者による散骨
ホ．その他

(6) 同じく上記(4)で「イ．はい」と答えた方にお聞きします。あなたが施主となったら、次のうちどこで葬式を執り行ないますか。一つ選び、その理由を記入して下さい。

イ．先祖代々の菩提寺　　ロ．自宅付近の町会館

ハ．自宅　　　　　　　　ニ．教会
ホ．葬祭場　　　　　　　ヘ．その他

⑺　同じく上記⑷で「イ・ロ・ハ」の別に関係なく、すべての方にお聞きします。現代における葬式中心の仏教寺院を、あなたはどう思っていますか。たとえば、葬式の費用や檀家へのサービスなどについて、具体的に記入して下さい。

⑻　現代の私たちは信者・非信者を問わず、結婚式やクリスマスなどの行事を通して、広義のキリスト教文化に接していますが、これについてあなたはどう思いますか。具体的に記入して下さい。

⑼　創価学会・立正佼成会・天理教などのいわゆる「新宗教」の名前を知っていますか。どちらかを選んで下さい。

イ．はい　　　ロ．いいえ

⑽　上記⑼で「イ．はい」と答えた方にお聞きします。その「新宗教」が日常的に行なっている宗教活動を、あなたはどう思いますか。具体的に答えてください。

⑾　オウム真理教や幸福の科学などの、いわゆる「新々宗教」の名前を知っていますか。どちらかを選んで下さい。

イ．はい　　　ロ．いいえ

⑿　上記⑾で「イ．はい」と答えた方にお聞きします。あなたはその「新々宗教」の宗教活動をどう思いますか。具体的に記入して下さい。

表6　アンケートの集計結果

アンケート回答者数……200人

(1)　イ……15人

(理由)	・天皇崇拝に導いた責任	6
	・戦争に加担した	4
	・思想の画一化の拠点	2
	・戦争意識の拡大	2
	・今あるのは戦前の継続	1

ロ……145人

(理由)	・時代背景として仕方がない	28
	・神社は国策に利用された	25
	・その実態を知らなかった	25
	・戦争体験していないので責任は感じられない	22
	・神社は拠点にされただけ	6
	・戦争と宗教は無関係	6
	・興味ない	4
	・受験に神あれば戦争に神あり	4
	・自分がやったわけではない	4
	・戦争責任は国民全体	3
	・戦争の勝敗に神は無関係	2
	・神社の発生に権勢あり	2
	・神が人を作ったのではなく、人が神を作った	2
	・神社と天皇制は別のもの	1
	・民主主義を知らなかったので仕方がない	1
	・今は神社と関係なし	1
	・どの国家・民族にもあること	1
	・その他（理由不記載）	8

ハ……40人

（理由）	・考えたことがない	20
	・知らなかった	15
	・神社に戦争責任を感じさせなくていい	4

(2) イ……21人

（理由）	・神社の神を信じない	15
	・戦争と関係あった	3
	・信仰しないのに祈願するのはおかしい	3

ロ……153人

（理由）	・年中行事・伝統として習慣になっているから	45
	・良いことを願うのなら問題はない	23
	・とくに考えたことがない	22
	・心の支えになるから	20
	・戦時中と現代は違うので	16
	・小さいころから出入りしていたので	6
	・神社は現世利益を与えないので	5
	・神社は鎮魂と現世利益の場	4
	・今は天皇崇拝の拠点でないから	1
	・神の存在が必要だから	1
	・その他（理由不記載）	10

ハ……26人

（理由）	・知らなかった	8
	・神社は祈願してくれればそれでいい	7
	・神を信じない	4
	・その他（理由不記載）	7

(3) ・困ったときの神頼み、祈願の場　51

・宗教よりも地域イベント・交流のため	47
・自己を見直し、支えになる	24
・伝統・慣習としての役割	24
・役割についてはわからない	17
・初詣の場所	15
・偶像崇拝の場所	3
・現代に生きる「昔」（日本の伝統的建造物）	3
・賽銭取り	1

(4)　イ……144人

（理由）	・祖先へ感謝・礼儀	100
	・代々続いているから	11
	・人間としての良心の問題	8
	・死後、忘れられたくないから	5
	・生死を考える機会	5
	・肉体が滅んでも魂がある	4
	・自分の死を見直すため	4
	・世間体のため	3
	・先祖供養しないと祟りがある	2
	・その他（理由不記載）	2

ロ……12人

（理由）	・個人主義の現代には不要	7
	・死者は供養されても還らぬ（金のかかりすぎ）	5

ハ……39人

（理由）	・自分の死後はかまわない（個人の価値観に任す）	10
	・伝統より故人の遺志が大事	4
	・葬式は必要だが、法事は不要	3
	・墓参が供養となるのか疑問	2

	・習慣なので必要かどうかわからない	2
	・現代人は供養心がないので	1
	・お金のかかりすぎ	1
	・その他（理由不記載）	16

(5) イ……97人

（理由）	・伝統を重視して	73
	・何となく	8
	・故人への気持ち	4
	・故人の遺志	2
	・世間体のため	2
	・そうしないとあの世で困るから	1
	・その他（理由不記載）	7

ロ……25人

（理由）	・悲しんでくれるのは近親者のみ	9
	・飲み食いでなく、本当に故人を偲んでくれるから	7
	・大金がかからないから	5
	・その他	4

ハ……15人

（理由）	・気持ちのこもった式になるから	10
	・大げさでなく、会食程度ですむから	2
	・その他	3

ニ……２人

（理由）	・死後に狭いところはいやだから	2

ホ……13人

（理由）	・故人の遺志	11
	・よくわからない	2

(6)　イ……35人

(理由)	・代々の伝統	29
	・家より面倒でない	2
	・葬式の雰囲気	1
	・その他	3

ロ……23人

(理由)	・親類・近所にならって	9
	・広さが適度でわかりやすい	8
	・近所の人が手伝ってくれる	3
	・その他	3

ハ……40人

(理由)	・思い出があるから	13
	・自然だから	8
	・以前からそうだから	5
	・地味にやれるから	4
	・他人に気持ちを見られずにすむから	3
	・その他	7

ニ……１人

(理由)	・自分の宗教だから	1

ホ……25人

(理由)	・一般的だから	5
	・以前いったら良かったから	4
	・施設の充実	4
	・わかりやすく近所だから	4
	・広いから	3
	・何となく	2

	・故人の遺志	1
	・自宅が狭いから	1
	・その他	1

へ……24人

（理由）	・その時点で決める	10
	・今からわからない	7
	・故人の遺志	5
	・その他	2

(7)	・費用のかかりすぎ	68
	・よくわからない	67
	・職業として当然	24
	・お金にこだわりすぎ	14
	・有難味がない	4
	・大げさすぎる	3
	・葬式仏教に慣れているので感じない	3
	・寺院に頼む習慣が不明	2
	・金額が不明朗	1
	・世間体のため仕方なし	1
	・檀家へのサービス過剰	1
	・教会の費用は安い	1
	・自然葬でいい	1

(8)	・楽しめる年中行事が増えていい	90
	・気にすることなし	55
	・日本人はリベラルでいいかげん	15
	・宗教の自由・平等	13
	・商業戦線	8
	・カルチャーミックスもいい	8

	・宗教の矛盾である	6
	・クリスマスは不要	2
	・クリスマスはキリスト教と別物	1
	・キリスト教を知った上で生活に取り込むべき	1
	・西洋文化へのあこがれ	1

(9)　イ……174人

ロ……26人

(10)	・名前は知っているが詳しくはわからない	58
	・信じてやっているのはそれでいい	40
	・執拗な勧誘と政治色は嫌い	33
	・不思議な感じ	12
	・押しつけがましい	10
	・宗教というより事業集団	5
	・偶像崇拝	2
	・恐ろしい	2
	・政教分離してほしい	2
	・嫌いなので近寄らないでほしい	1
	・宗教にはまった人にカウンセリングを	1
	・その他（理由不記載）	33

(11)　イ……192人

ロ……８人

(12)	・宗教として認められない	40
	・恐ろしく悪いイメージ	35
	・迷惑をかけなければ信仰は自由	34
	・宗教集団ではなく、金目当てのテロ集団で危険	18

・法律で抑えるしかない	13
・理解不可能な集団	11
・宗教活動というより洗脳活動	8
・ただの詐欺	8
・名前は知っているが中身は知らない	7
・関心がない	6
・万事にヘドが出る	4
・宗教活動の枠を越えている	3
・カルトすぎる	2
・その他（理由不記載）	8

の産土神としても生活に根づいていたという二面性をもっていた。私たちが神社の戦争責任という場合は、前者の神社神道の面を問題にするときである。

じつはこの神社神道の本体たる天皇の存在そのものも、時間の経過とともに見方が変化してきている。『現代日本人の意識構造』（ＮＨＫ放送文化研究所編）の中の「天皇に対する感情」のアンケート調査が、そのことを端的に示している。これによれば、一九七三年における天皇に対する国民全体の感情は、「無感情」が四三％、「尊敬」が三三％、「好感」が二〇％、「反感」が二％であった。それが一九九八年になると、「無感情」が四四％とほぼ横ばいであるのに対し、「好感」が三五％となって一九％の「尊敬」を上回っている。「反感」は一％に減じている。このアンケート結果は、天皇に対する国民感情が戦後復興のなかで、「尊敬」から「好感」に変わったことを示している。戦前の「現人神」から戦後の「人間天皇」への一大変身が、国民の感情にそのまま反映している。国民の視線は抽象的な

「天皇」の問題ではなく、具体的に、昭和天皇から今の天皇へ、個人が入れかわったことの結果に向けられている。

このような天皇そのものに対する見方の変化が、神社の戦争責任についての意識の低さにつながっていると考えられる。それとともに、神社がその住民にとって産土神であり、土着性を兼ね備えていることも見逃せない。神社が戦前にあって、近代天皇制の中核として「体制宗教」の首座を担っていたわりには、戦後復興のなかで、仏教寺院に比して早急な立ち直りをみせたのは、この産土神としての土着的な強さがあったからかも知れない。

次のアンケート(2)で、その戦争責任を持つべき神社への現世利益の期待や初詣への違和感を聞いたところ、二〇〇人中、一五三人は「違和感なし」と答えている。違和感どころか、年中行事や伝統として、心の支えとしての神社をかなり好意的に受けとめている。まさに住民にとっての産土神意識である。この神社＝産土神という捉え方は、神社の果たす役割を問う(3)においても、「祈願の場」「交流の場」「心の支え」となって表われる。

こうして(1)～(3)で現代における神社の宗教的位相を問うてみたが、それははからずも、前章でみた八〇％に上る神道人口を裏打ちするように、はなはだ好意的であった。

アンケート(4)は先祖供養の必要性を問うものであるが、これについては、二〇〇人中、一四四人が必要性を認めている。ただ、三九人が「どちらでもない」と答えているのは、ある意味で現代における心の迷いを暗示してもいるようで、いささか意味深長といわざるをえない。

次の(5)では、先祖供養を必要とする人に、葬礼の形態を質問した。その結果は、「伝統的で一般的な葬式」が九七人と圧倒的に多い。しかし、「近親者のみの密葬」が二五人、「故人を偲ぶ会」が一五人という数字は軽視できない。この非伝統派の四〇人という数は、伝統派の約半数に迫ろうとしており、ある意味では、今後の葬礼観の行方を示唆していると思えなくもない。

葬儀の形態とセットをなす葬式の場所を聞いたのが(6)である。この葬式の場については、見事に意見が五つに分かれた。「自宅」の四〇人を筆頭に、「先祖代々の菩提寺」が三五人、「葬祭場」が二五人、「その他」が二四人、「自宅付近の町会館」が二三人という具合である。

一般的な見方では、現代においても檀家制をとる仏教寺院での葬礼が圧倒的な数を占めそうであるが、じつはそうでない。思い出の多い自宅での葬礼は別として、町会館や葬祭場の非菩提寺派が四八人も占めている事実は、檀家制に立つ菩提寺としても厳粛に受けとめなければならない。

既成仏教の菩提寺に対する現代人の思いは想像以上に厳しい。この理由はどこにあるかを(7)で尋ねてみた。その理由はどうやら第一に、六八人の「費用のかかりすぎ」、一四人の「お金にこだわりすぎ」という経済面にありそうだ。第二は六七人の「よくわからない」、四人の「有難味がない」という日常的な心のサーヴィス（法施）に原因がありそうである。

この菩提寺に対する経済的な不満、法施的な不信感は、前にみた「無信仰の信仰」の状況にある数多くの既成仏教信者に共通したものであろう。現代における仏教に対する共通イメージといえなくもない。現代は菩提寺に心を託する檀家信者が迷い、心の委託をうける菩提寺も暗中模索のなかにある。

葬式仏教

現代人の揺れ動く葬祭観をじつに巧みに活写したのは、伊丹十三の映画『お葬式』である。場面は父の葬儀を迎えようとする藤本家、そこには、父の葬儀をめぐりさまざまな人間模様が渦巻く。父の生前に、通夜もなく葬儀もない散骨にしてほしいと予約を受けたというサーヴィスセンターの従業員の作業で幕が開く。そのそばで、父と同居していた次男が、葬儀をとりやめたのは父が「次男は甲斐性がないから、負担をかけたくないからだ」と言ったと、センターの従業員に聞かされ、心を痛める。そのすぐ横に、父の遺産はどうなるかと案ずる、二児の母となった妹がうろうろしている。そこに、父の訃報を聞きつけ、数年ぶりに里帰りした東京勤務の長男が駆け込む。家の伝統と勤務先の体面を重んじて、長男は立派な葬儀をと意気込む。

ここに、場面は緊迫の最高潮を迎える。「お父様の予約通りに進めさせてもらいたい」とくり返し言い張るセンターの従業員。自分のことを最後まで心配してくれた父の意を汲んでほしいと、長男に喰ってかかる次男。父が生前、葬儀をしないと予約したのは、「自分を頼りにしていたからだ」と長男はその威厳をふりかざそうとする。この三人の言い分に、自分の主張もなくただ遺産のことばかりが念頭を離れない妹。

平行線をたどる息詰まる葛藤の場面も、やがて無宗教の形での葬儀に収斂され、父と母の粉骨と海への散骨へと進む。この映画の最後の場面、「お墓がないと、どこで泣けばいいの」と叫ぶ妹の涙声は切ない。粉骨した父母の骨をなめる長男の姿も、苦しく痛々しい。そして最後をしめくくる「葬式は奇妙な儀式」というひと言は、私たちの今後の葬儀のあり方を考える上で、ずしりと胸を打つ。

『お葬式』がえぐり出した現代の葬式事情は、葬送の多様化の波に乗って現実化している。たとえば、平成十年七月八日付の『朝日新聞』は、「お気に入りの晴れ着で死に臨みたい」と「華やかな〝死に装束〟」を提案する着物研究家の中谷比佐子さんを紹介している。平成十一年一月十九日付『北海道新聞』が、「墓は一墓石に一家名がほとんどだが、ここ数年、両家を並べて刻んだ墓石が少しずつ増えている」と報じる一方、四月二十四日付でこんな葬送を伝えている。

末期ガンに侵された小樽市の主婦が、自分で作詞・作曲した歌を形見として、「告別の音楽会」を披露しようとしているという。自分らしい最後をと念ずる小林千春さんに、サークルの仲間が小樽への愛をこめて唄いたいと報じている。

葬送の多様化の波はおさまることなく、広がりをみせ、平成十二年七月十六日付の『北海道新聞』はまたもや、「ライフスタイル」のコーナーで、「個性化する葬儀」と「散骨への関心」、さらには「核家族化で進む共同墓の利用」について詳細に報道している。

このような流れは今後強まりこそすれ、弱まることはないだろう。というのは、既成仏教が拠りどころとしている檀家制の「家」そのものに対する意識が、戦前に比べて一変したからである。戦前の旧民法が現行の新民法に生まれ変わった直後、『毎日新聞』が行なった「こんどの民法改正で法律上の『家』が廃止されますが、あたなはどうお考えになりますか」のアンケート（一九四七年三月二十五日実施）で、次のような結果が出た。廃止賛成は既婚者が五二・三％、未婚者が六八・六％であるのに対し、廃止反対は既婚者が四二・六％、未婚者が二八・二％であった。

戦前の近代天皇制にもとづく家父長制的な家族のもとで生きなければならなかった庶男や女性にとって、この民法改正はまったく新たなる世界の到来と思われたに違いない。その期待と喜びが、廃止賛成の約七〇％に近い未婚者の中に見出せるように思う。

その民法改正以後、約半世紀が経った今日、家意識も変化し、墓のあり方、葬送の仕方にも変化が出てくるのは自然の勢いである。一向に変わらないのは既成仏教寺院の側の葬儀観だけであり、法施を受ける側の檀家の心情は、間違いなく変容している。

アンケート項目の⑻に戻ろう。これは現代におけるキリスト教を訊いたものであるが、その回答は、クリスマスを例に「年中行事が増えていい」（九〇人）、「気にすることなし」（五五人）というように、キリスト教文化に対して、一見、かなり寛大に受けとめていることが窺える。しかしその「寛大」さは、キリスト教そのものへの理解というよりは、お祭り好きの日本人の娯楽性の表出ではなかろうか。日本の人口に占めるキリスト教信者の比率、約〇・七％の数字がそれを示している。

(9)〜(12)は「新宗教」および「新々宗教」についてである。(9)では、代表的な新宗教（創価学会、立正佼成会、天理教）について、その名前を聞いたところ、二〇〇人中、一七四人が知っていると答えている。これに続けて、この新宗教の活動を尋ねた(10)では、「名前は知っているが詳しくはわからない」が、五八人と一番多い。これに次いで、活動を容認するのが四〇人、「政治色は嫌い」とするのが三三人と、評価が二分している。

こうした評価が二分されるなかで、立正佼成会が六一四万人、創価学会が五七六万人の信者を獲得している現実をみるにつけ、その宗教エネルギーには瞠目せずにはおれない。

そもそも、その宗教的な魅力はどこにあるのだろうか。日本人の心のどの部分が新宗教に向かわせたのであろうか。

現世利益を求めて

戦前ももちろんのこと、戦後の一時期まで「不治の病」とされた結核について、『北海道新聞』は昭和二十五年十一月二十七日付でこう伝えている。北海道で結核を患っている人の数は九万余人、そのほとんどが自宅療養であり、一割が灸や祈禱に頼る憂うべき実態である、と。年が改まった昭和二十六年一月二十六日付でも同紙は、「コップの水中に軽石を入れ、出るアワを飲めば病いは治る」などとでたらめの療法をするインチキ祈禱師が、函館だけでも一〇〇人はいると注意を促している。

この二例はともに、戦後復興期の混乱のなかに現われた非法な祈禱行為を伝えるものであるが、これは逆にいえば、それだけ庶民が現世利益的な効験を強く望んでいたことを物語る。

この現世利益を求める庶民の声は、戦後の一時期だけに限られたものではなく、現代にも当然、全国の津々浦々に飛び交うものである。先ごろの足の裏診断による治療を説いた「法の華三法行」なる新々宗教も、庶民の治病への願いを逆手にとったインチキ宗教であった。

日本人が宗教の説く現世利益にいかに魅せられるかを、新宗教の信者数の最も多い立正佼成会の表7の入信動機にうかがってみよう。これによれば、入信動機の第一位は「先祖供養をすれば、幸福になるといわれた」であり、第二位は「病気が治るといわれた」である。しかもその比率は、この二つで約六〇％も占めている。これはまぎれもなく、立正佼成会への入信に、幸福とか病気治癒とかの「現世利益」がいかに大きく働いているかを示す証拠である。ここに、日本人の抱く宗教観の本質の一端を知ることができよう。

再びアンケート項目に戻り、⑾と⑿を見てみよう。これは平成六年に、日本はおろか世界をも震撼させた、かの「オウム真理教」について問うたものである。ほとんどの人が熟知しており、「迷惑をかけなければ信仰は自由」とする三四人を除いて、大半は「宗教としての存在も認められない、恐ろしく悪いイメージ」と、はなはだ否定的である。

表7　立正佼成会への入信動機

あなたはお導きをうけた時、どのようなことに魅力を感じて入会しましたか。あてはまる数字を○でかこんでください。二つ以上ある場合には、とくにひかれた事柄に◎をつけてください。

No.	質　問　事　項	順位	数	%
1	病気が治るといわれた	2	35	13.89
2	仕事や商売がうまくいき、貧乏でなくなるといわれた	8	7	2.78
3	夫婦・親子の仲がよくなるといわれた	4	20	7.94
4	子供の非行が直るといわれた			
5	子供の進学・就職・縁談がうまくいくといわれた			
6	災難からのがれられるといわれた	9	2	0.79
7	法華経の教えに感心した	3	24	9.52
8	姓名判断に感心した	7	11	4.37
9	方位・方角に感心した			
10	先祖供養をすれば、幸福になれるといわれた	1	116	46.03
11	お九字の功徳に感心した			
12	お導きの人の熱心さに感心した	5	19	7.54
13	その他（具体的に）	6	18	7.14
計			252	

（『立正佼成会史』による）

以上、アンケートを手がかりに、現代人の宗教意識を探ってきた。それを集約すると次のようになる。

㈠宗教人口数は統計的には多いが、その宗教意識は希薄である。
㈡新宗教の入信数から逆推して、日本人は宗教に現世利益的な期待をしている。
㈢先祖供養を例に、その供養心は強いが、自らの菩提寺に全幅の信を抱きえない。
㈣今後、葬祭観は微妙に変化していく兆しがみられる。

このように、日本人は一見宗教的であるが、その反面じつに淡白な宗教意識下にある。この「つかず離れず」の心が、一神教の外国人に「あなたは何を信じていますか」と問われ、「私は無宗教です」と言わせているのだろう。

この神無きままの「無信仰の信仰」を自認するのは、教派神道の信者（出雲大社教、金光教、黒住教など）でもなければ、新宗教の信者（立正佼成会、創価学会、霊友会など）でもない。「無信仰の信仰」に甘んじているのは、心の半分で神道を信仰し、もう半分の心で仏教を信じている既成仏教の徒である。檀家制を媒体として、半ば不信感を抱きながら、伝統であるがゆえに自らの菩提寺につながっている既成仏教の徒である。

それでは、こうした檀家制に立脚する既成仏教寺院とその信徒はなぜ、「無信仰の信仰」となったのであろうか。次に章を改めて考察してみよう。

第四章　なぜ「無信仰の信仰」か

「無信仰の信仰」の背景

ある民放テレビ局が東京で、女子大生ふうの女性に「親鸞って、どんな人か知っていますか」と取材インタヴューをしていた。三年ほど前のことである。「よくわかりません」「名前は聞いたことがあるが……どんな人かは」という返答が大半であったことを記憶している。これは単に、現代の丸暗記式の「歴史教育」のなせるわざと考えれば、なにも驚くことはない。現代日本の「無信仰の信仰」状態をよく反映したものとすれば、さもありなんと合点がいく。

六年ほど前にこんなことがあった。勤務先の公開講座で、「江差追分」で有名な江差町に出向いたときのことである。たしか「北海道と仏教」のタイトルで話題提供したのであるが、終わったあと、八〇歳にはなろうと思われるひとりの老婆が私のところに寄ってきて、こう質問された。

「この年して恥ずかしいが、〝ナンマイダア〟（南無阿弥陀仏）と〝ナンミョウホウレンゲキョウ〟（南無妙法蓮華経）は同じなのか、違うのか教えてけれ」。

老婆の質問にひととおり答えたあと私は、この質問こそが神無きまま形だけの、「無信仰の信仰」を反映したものであると思った。と同時に、この質問の背景に、「南無阿弥陀仏」の「念仏」と「南無妙法蓮華経」の「題目」を区別させない、戦前の「体制宗教」があること、思想統制のための「大日本宗教報国会」があることなどを、とっさに想い起こした。「無信仰の信仰」に甘んじている日本人が多い理由を考えるとき、もっとも問われなければならないのは、前の丸暗記式の「歴史教育」の現状ではない。それよりも数倍重いのは、戦前の国家と宗教との関係である。「念仏」と「題目」を混同させたのは、国策である。

じつは、既成仏教に集中的にみられる「無信仰の信仰」意識は、昭和の戦前期に形成されたものではない。その歴史的な淵源《えんげん》は遠く近世の江戸時代に求められる。近世の幕藩体制が鎖国制を貫き通すため、思想統制としてキリスト教を徹底的に排除したことは、人のよく知るところである。その国策を推し進めるため、国民はすべて、何宗かの仏教徒になることを義務づけられた。その制度的な仕組みとして登場したのが菩提寺と檀家の結びつきである檀家・寺請制であることも、よく知られている。

この鎖国制下の檀家・寺請制を通して、既成仏教は封建支配の末端を担いながら、いよいよ、葬式仏教の執行者へと変貌していく。既成仏教の寺院は、仏教の教理・教義を説くよりも、今日の役場の戸籍係のような、「婚姻・離婚」の証明や通行証明の発行に忙しく、仏教者から行政官へと変身していく。

檀家に対してはこのように、行政官的な顔をもつ既成仏教の寺院であるが、幕藩体制はこの寺院と檀家の双方に厳しいチェックを忘れなかった。その様子を、日本最北端の松前藩を例にみてみよう。

享保六年（一七二一）のころ、松前藩は庶民の法事の接待に対して、「香物ともに一汁三菜すぐべからず、茶菓子無用たるべし」とか、法事の規模にしても「随分近き親類一両輩ハ格別、その余は堅く無用たるべし[12]」と倹約を求めて干渉した。こうした干渉はやがて僧侶が法座において談義・説法するときも「軽き釈書之文義を解説して雑言」してはならないとか、檀家との交わりも「貴賤ニよらず」親切にし、僧侶の法義は「世事の利養を離れ訴論に及」んではならないとかと、微に入り細をうがって寺院・僧侶へと向かう。時に明和五年（一七六八）のことである[13]。

そしてついには、「外をかざり候ものは、内証苦しく困窮候儀、そのもの一己の損失ニこれなく、おごりは一国衰微の基[14]」であると、寺院統制も極に達する。

このような、檀家や仏教寺院への干渉ないし統制は、ひとり松前藩だけではない。日本のすべてに実施された国策的な思想指導である。

世が近代の明治政府の時代に移ろうとも、この檀家・寺院への教導は何ら変わることなく続けられた。正確に言えば、明治初年の神仏分離・廃仏毀釈の嵐のなか、檀家・仏教寺院は、国家神道を画する明治政府によって、近世以上の統制を蒙ることとなった。

近代の仏教寺院は、神道を首座とする思想界にあって、あくまでも風下に置かれながら、近代天皇制の護持を目的とする「体制宗教」の推進者でなければならなかった。そのよい例が、神官とともども課された近代天皇制の普及・定着を目指す「教導職」という役割分担であった。すなわち、明治政府は、神官・僧侶をそれぞれ教正・講義・訓導などの教導職に任じ、その教導職には、

一、敬神愛国ノ旨ヲ体スベキコト
一、天理人道ヲ明ニスベキコト
一、皇上ヲ奉戴シ朝旨ヲ遵守セシムベキコト

（『明治文化全集』宗教篇）

という、「三条の教憲」をはじめ、一一兼題・一七兼題などを授けて国民の教導に当たらせたのである。一一兼題と一七兼題とは、「三条の教憲」を敷衍《ふえん》したもので、前者は神道の知識を、後者は政治・社会・時事などの問題をその主たる内容としていた。

要するに、寺社の教導職による国民教化とは、一言にしていえば、「三条の教憲」に象徴されるように、祭政一致の近代天皇制の周知徹底ないしは浸透に他ならなかった。神官に対して「氏子中、無識無頼ノ徒これなきよう、普《あまね》ク勤学致サセ、文明ノ治ヲ裨《たす》ケテ祭政一致ノ本旨ヲ、篤《あつ》深ク体認いたすべし」、あるいは僧侶に対して、「檀家ノ子弟ニ無識無頼ノ徒これなきよう、

ク三条ノ意ヲ体認シ、衆庶ヲ教導シテ地方ノ風化ヲ賛《たす》ケ、政治ノ裨益相成候よう相心得べし」(「開拓使公文録」五七三五)と求めたのである。

昭和十二年(一九三七)の蘆溝橋事件をきっかけとした日中の全面戦争は、挙国一致の戦時体制をもたらし、そこに寺社を中核とした「体制宗教」の出番を迎える。

昭和十七年(一九四二)、「北海道仏教会」が作製した「大政翼賛実践綱領」には、三つの綱領がある。その㈠は「皇室尊崇並ニ祖先崇拝ノ念ヲ一層深カラシメンコトヲ期ス」こと、㈡は「正シキ信仰ノ上ヨリ仏事ノ真意義ヲ体シ迷信ノ打破ヲ期ス」こと、最後の㈢は「日本精神ヲ高揚シ生活ノ更新ヲ期ス」ことであった。綱領の㈡は、仏教寺院の本来的な任務であるが、㈠と㈢は寺院が「体制宗教」の主翼を担う教導体であることを如実に示すものである。

その「綱領」は、さらに次のような具体的な「実践事項」を定めていた。これは寺院の「体制宗教」化を示す決定的な史料でもある。

イ、我等仏教徒ハ皇室尊崇ノ念ヲ一層篤クシ、左ノ通リ実践スルコト

㈠寺院及ビ教会ニ於テハ祝祭日ノ会合ハ申スニ及バズ、特殊ノ会合ニハ必ズ宮城遥拝並ニ「君ガ代」奉唱スルコト

㈡寺院ニハ皇恩報謝ノ為メ天牌ヲ奉安セルニヨリ、特ニ敬虔ノ念ヲ以テ拝礼スルコト

㈢陛下ノ御写真又ハ御尊影ハ家中最モ神聖ナル場所(例へバ床ノ間、正面鴨居ノ上)ニ奉安シ、新聞雑誌等ニ奉揚ノ皇室関係ノ御写真ハ之ヲ切リ取リ清浄ナル入レ物(尊皇袋ノ類)

ニ納メ、不敬ニ至ラザル様注意スルコト
ロ、祖先ノ命日ヲ思ンズルコト（以下略）
この具体的な「実践事項」を一読すれば、国民の大半に及ぶ仏教の檀信徒は、自らの祖先の命日の供養よりも、まず第一に皇室尊崇の念を持つことを強要されていたことが、手に取るようにわかる。仏教寺院は、「体制宗教」というよりは、「天皇教」の忠実なる推進者として、この神聖なる天皇に関わるすべての物を「神聖ナル」場所に奉安するよう、各檀信徒に教導していたのである。

仏教寺院は、「天皇教」のより十全な推進を実践すべく、檀信徒と同じく、自寺の年中法要よりも皇室の聖日法要を優先して、定期法要を勤行した。昭和十七年当時、その「聖日法要」は、次のようであった。修正会（一月一日）、紀元節祝聖会（二月十一日）、神武天皇祭（四月三日）、天長節祝聖会（四月二十九日）、明治節祝聖会（十一月三日）、大正天皇祭（十二月二十五日）。

この「聖日法要」は、宗派の別を超えて、全国すべての仏教寺院を通して、檀信徒に教導・実践されていったことは言うまでもない。

綱領㈢の「日本精神ヲ高揚シ生活ノ更新ヲ期ス」ことを、仏教寺院の大政翼賛実践綱領の中に採り入れたのにも驚く。寺院は、その日本精神を高揚させるため、檀信徒に次のように求めていた。

「教育勅語ノ御趣旨ヲ奉体シ常ニ心身ノ修養ニツトメ、報恩ノ至誠ヲ以テ、臣道ノ実践ニ努めよと。寺院は、学校における「教育勅語」の精神を修養する場として、あるいは檀信徒に「天皇教」の臣道を教える場としても機能したのである。「天皇教」の臣道に導く作法として檀信徒に求められたのは、「陛下ノ御稜威《みいつ》ニ浴シ奉ル吾等臣民ハ「有難い」「勿体ない」ノ思ヒヨリ、協心一致御奉公」することであり、「食前食後ニハ必ズ感謝ノ合掌」をすることであった。天皇は、まさしくすべての檀信徒にとって「天皇教」の教祖であり、現人神であったのである。

ここに至って、既成仏教の寺院が近世以来の「葬式仏教」の執行者はもちろん、近代天皇制を支える「体制宗教」ないし「天皇教」の伝道者そのものであったことは、火を見るより明らかである。私たちは、普遍宗教としての既成仏教が近世から近代への仏教施策ないし国策を通して、その奉ずる本来的な「仏」を失ってしまったことを思い知る。

ニーチェはこう言った。「われわれがかれ（イエス・キリスト）を殺したのである。君たちとわたしが！　われわれみんながかれの殺人者なのである！」[15]。これにならえば、日本の近世幕藩体制と近代の天皇制国家は、鎌倉期以来の「中世の仏教」を殺したのである。既成仏教の「ホトケ」は死んだ。既成仏教の徒は、そのときから「無信仰の信仰」の道を歩み出したことになる。

敗戦のなかに年を改めた一九四六年一月一日、天皇は日本歴史上、空前絶後の「人間宣言」を世に示した。

「朕ト爾等国民トノ間ノ紐帯ハ、終始相互ノ信頼ト敬愛トニ依リテ結バレ、単ナル神話ト伝説トニ依リテ生ゼルモノニ非ズ。天皇ヲ以テ現御神《アキツミカミ》トシ、且日本国民ヲ以テ他ノ民族ニ優越セル民族ニシテ、延テ世界ヲ支配スベキ運命ヲ有ストノ架空ナル観念ニ基クモノニモ非ズ」。
（『官報』一九四六年一月一日）

ＧＨＱによる「象徴天皇」としての天皇制の温存のなか、日本の戦後復興は進んでいった。そのプロセスのなかで、天皇は「戦争責任」を曖昧にしながら、その交代に伴い「尊敬から好感」へのイメージ・チェンジをとげて現在に至っている。

国家神道と庶民信仰の二つの顔をもつ神道も、戦後のある時期までは前者の負のイメージを払拭できず、統計数字には表われない形で、国民の間に「宗教アレルギー」を植えつけたことは否めないだろう。言うなれば国民における戦争への反対はとりもなおさず、近代天皇制と一体となった「体制宗教」の忌避となり、それが「宗教アレルギー」を国民の間に浸透させていったのである。

その意味で現代は既成仏教を中心とした「無信仰の信仰」が、「宗教アレルギー」を一面においてもちながら、深く広がっていると言えるのではなかろうか。

心の貧困

「宗教アレルギー」と「無信仰の信仰」について、五木寛之氏は城山三郎氏との対談「今、日本と日本人を語る」でこう発言している。

「戦前は和魂洋才に国家主義とか天皇制とかいろんな「和」の魂をいれた。戦争に負けて、それはだめだ、ということになり、戦後は、無魂洋才で五十年間やってきた」。

「洋才には必ず洋魂があると思うんです。その洋魂を学ばずして、われわれは無魂でやってきた。そこに、戦後五十年の破たんがあったと思いますね」。

「無魂でもだめ。和魂でもだめ。新しい和魂は、はたしてどこに見いだせるのか。大問題を突きつけられていると思うのです」。(『北海道新聞』平成十年八月二十五日付)

五木氏が言われるように「新しい和魂」を持てず、心貧しく、「宗教アレルギー」を患いながら、「無信仰の信仰」のなかに生きる現代の日本人。そのためであろうか、この日本に、近年、物騒な事件が相次いでいる。少年による「ナイフによる殺傷事件」の発生や「ムカつき・キレる症候群」の多発などがそれである。

事の是非を問うこともなく、善悪の判断もなく、性急に行動してしまう「ムカつき・キレる」現代の子供たち。彼らに、その是非を忘れさせ、我慢も忘れさせたのは、何であろうか。

なによりも第一に、戦後五十余年、至上の価値とした物質優先の国策があげられよう。高度経済成長期をピークとした、「モノ」と「カネ」のみを絶対視した「拝金主義」が世を覆い尽くし、多くの人はそれぞれに、モノの豊かさに酔った。カネさえあれば、必要なものは手に入る。子供が求めるものは、たとえそれが多少高価であれ、買い与える。そこには、戦後混乱期の物不足もないし、「我慢」もない。

この「拝金思想」と相まって、子供たちの「我慢」という「耐性」を消滅させたもうひとつの要因は、少子化ないし核家族化による家族関係の変化であろう。

少なく産んで、「いい子」を育てる親たちの夢は、子供に高学歴という衣裳をまとわせることであった。食費を削っても、子供の教育には可能な限り、ぎりぎりまでカネを投入する。親の期待を一身に背負う子供の要求は、ほとんどの場合叶えられる。子供にとって、「我慢」するとか「耐える」ということは、死語に近い。忍耐することを忘れた子供たちにとって、自分の願望が達成されない場合、すぐ吐き捨てられる言葉、それが「ムカ」つく、「キレ」るなのであろう。

子供たちから耐性を奪っている背景は、右のことだけではもちろんない。多くのことが複合的に錯綜している。もう一つの背景を指摘するとすれば、私は、戦後において「心の教育」を放置してきたことを挙げたい。モノではなく、人の心を信じるという人間にとっての本来的な営みを、戦後の日本は亡失してきた。現代の日本人は、そのため、「人間らしい心」を持てないでいる。正確に言うなら、戦後の日本は、国も国民も「心」を問題にすることを意識的に忌避してきたのではなかろうか。それはなぜか。

戦時期における「天皇教」への国家的、強制的な信奉要求がその理由である。戦前の精神的、あるいは信仰面での苦汁を体験した国民の多くは、戦後の経済復興を大義名分に、「人間らしい心」について考えることを反動的に回避してきたのではなかろうか。現代における「心」の問題は、その意味で歴史的所産というべきなのではないか。

「宗教アレルギー」と「無信仰の信仰」にあえぐ日本の仏教界。経済だけに眼を奪われ心を忘れている日本。日本人として「人間らしい心」を持てないで苦悩している日本。

こうした苦しめる日本の二十世紀を、歴史的視点から、加藤周一氏はこう総括している。

「二十世紀に日本国は、二つの過ちを犯した。その前半には、軍国日本が朝鮮半島を植民地化し、中国を侵略して、自滅した。後半には、経済大国日本が、朝鮮、韓国とも、中国とも、確かな信頼関係を構築することに失敗した。前者は武力による過ちであり、後者はカネもうけに専心した過ちである。古語にも「過則勿憚改（過ちは則ち改むるに憚《はばか》ることなかれ）」という。二十一世紀の日本の希望は、二十世紀の過ちを改めることから生じるだろう。それが「歴史意識」の問題である」。（『日中文化交流』二〇〇一年一月一日）

加藤氏の総括に従えば、日本人の「宗教アレルギー」と「無信仰の信仰」は、武力による過ちと経済的な過ちのなかで生まれ、そして進行してきた。

このような苦悩する日本で私たちが人間らしく生き抜いていくには、どうすればいいのだろうか。その一つの方策として、なによりもまず、人間の原点に立ち返って、自らの「生きざま」と「死にざま」を真正面から考えてみることが肝要ではないだろうか。

私たちの次なる課題は、その観点からの、「現代人の死の見方」である。

第Ⅱ部　現代人の死の見方

第一章　臨死体験

宿命としての死

「十分に終わりのことを考えよ。まず最初に終わりを考慮せよ」。

これは「モナ・リザ」の作者レオナルド・ダ・ヴィンチの残した人生訓である。人間の命には終わりがあることを重視し、そのために若いときからその備えをせよと説く言葉である。人生には必ず「終わり」があることを自覚的に受けとめることは、自らの人生を悔いなく充実したものにする上で、とても大事なことである。

古代ギリシャの哲学者ソクラテスは、

「生きることではなく、よく生きることこそ、何よりも大切にしなければならない」（『クリトン』）

と言い残した。この「よく生きる」ことについて、「死生学」に詳しい日野原重明氏は、こう語っている。

「よく生きるということは、健《すこ》やかに生き、かつ、よく（健やかに）死ぬことだと私は思う。よく死ぬということは、身体的な苦しみが少なく、かつ、平静な心、できれば与えられた生を最後に感謝する言葉を、子どもや友人、次の世代の人に残して死ぬことだ、と私は思っている」(16)。

そもそも、人間が自らの死、人の死を考えるようになったのは、いつからであろうか。十八世紀のフランスの啓蒙思想家ルソーの次の言葉は、あまりに有名である(17)。

「動物は死とは何かをまったく知らない。死とその恐怖についての知識は人間が動物状態から離れたとき、最初に得たものの一つである」。

人間としての歴史を歩み始めたそのときから、人間は死とその恐怖について考え始めたと言うのである。

死がいかに忌まわしいかを、中世の僧侶・無住一円（一二二六〜一三一二）はこう語っている。

「死トイフコト、オソロシクイマハシキ故ニ、文字ノ音ノカヨヘルバカリニテ、四アル物ヲイミテ、酒ヲノムモ三度五度ノミ、ヨロヅノ物ノ数モ、四ヲイマハシク思ヒナレタリ」。

（『沙石集』）

無住は、「死」を「四」と音訓みする例によって、中世人がいかに「死」を恐ろしく、忌まわしく思っていたかを伝えている。この「死」＝「四」という音読感覚は、私たちの現代にも通じている。

人間のこの恐ろしく忌まわしい死について、その関わりを、最も正確に、最も明快に表現した言葉は、やはり、ソクラテスの、

「汝自身を知れ」

であろう。この名言の真意は、「人間よ、不死なる神と死すべき汝ら人間との無限な隔たりを知れ。そして人間自身の考えで神の言葉を疑うなどということをしてはならない」と、人間の傲慢《ごうまん》を戒めるところにあったという(18)。

この名言のまえに、私たち人間は改めて、無限の絶対者と限りある有限の人間との隔たりを思い知らされる。限りある私たち人間であるからこそ、未知なる世界の「死」に対して強い関心を抱く。自分にとっての「死」は、いつ、どのようにして訪れてくるのだろうか。この忌まわしくも、避けがたくもある宿命的な問いを、私たちは生涯に何回となく自問する。何度問うてみても、もちろんその答えは、生きている間には返ってこない。

死の瞬間

死という未知の世界の向こうは、どんな世界であろうか。私たちは、その知られざる世界を、自らの死の旅立ちに先立って、できることならのぞいてみたくなる。これも人の常というもの

であろう。よく耳にする「臨死体験」は、私たちのこの予見願望ともいうべき夢に、あるところで答えてくれる。

二つの「臨死体験」談を紹介しよう。

まず一つ目は、フジテレビの芸能レポーター、前田忠明さんの体験談である。一九八九年十二月十六日、日曜日、自宅で狭心症の発作に襲われたときのことだという。(19)

「意識を失って、ずーっと暗い中にいたのが、突然、遠くにポッと小さな明かりが見えはじめるわけです。そちらに向かって自分がどんどん近づいていく。(中略)まるで車に乗って長いトンネルの中を行くみたいでした。それとともに明るい光もぐんぐん大きくなっていく。(中略)ほんとにきれいなきれいな世界なんです」。

さらに続けて、向こうの世界をこう語る。

「この手前のところは水なんです。きれいな川なんです。水がキラキラ、キラキラかがやいている。そして、川の向こうは、きれいなお花畑がダーッと広がっている。ピンク、オレンジ、黄色……いろんな色の小さい花が無数にありました」。

この体験は、心臓が止まっていた一分三十秒間のできごとだと、前田さんは言う。インタヴュアーである立花隆氏に「臨死体験をしたが故の変化」を問われた前田さんは、

「死の恐怖がなくなり、それとともにいろんなナマナマした欲望が消えていったわけです。そういう意味であの一分三十秒は、ぼくの人生の転機を作った貴重な一分三十秒だったと思

います」

と答えている。

もう一つは、水泳の練習後、急に自宅で意識が薄れてしまった七五歳の男性の例である。布団に横になって程なく、「私は暗いトンネルの中をあてどもなく歩き続けていた。突然、目の前がパッと明るくなった。前面に色とりどりのお花畑。亡くなった父と母が出迎えに来ているので近寄ろうとした時『お父さーん』と呼ぶ次女の声がした」。

後日、医師から「一過性脳循環不全」と知らされたという。この体験の後日談として、「あの時、次女が呼びかけてくれなかったら、私は恐らく死後の世界へ踏みだし、帰らぬ人となっていただろう」と語っている（『朝日新聞』平成十二年十月一日付）。

私たちにとって、「死後の世界」は未知であるがゆえに神秘的である。それと同時に、死への旅立ちの「死の瞬間」そのものも、同じように気になることである。その「死の瞬間」の描写を、日本と西洋に例をとって紹介してみよう。

日本の例は、中世の仏教説話集である『今昔物語集』が語る次の場面である。

「今ハ昔、賀茂ノ盛孝ト云フ人有リケリ（中略）道心深シテ、毎月ノ廿四日ニハ、必ズ、持斎精進ニシテ、仏事ヲ営テ、殊ニ地蔵菩薩ヲ念ジ奉ケリ。而ル間、盛孝、年四十三ト云フ年ノ□月□日、沐浴シテ上ル間、忽ニ絶入ヌ。即チ、盛孝、大ナル穴ニ入テ、頭ヲ逆サマニ堕下ル。而ル間、目ニ猛火ノ炎ヲ見、耳ニ叫ビ泣ク音ヲ聞ク、四方ニ震動シテ雷ノ響ノ如シ。

其ノ時ニ、盛孝、心迷ヒ肝砕ケテ、音ヲ挙テ泣キ悲ト云ヘドモ、更ニ其ノ益无シ。而ル間、高楼ノ官舎ノ有ル庭ニ到リ着ヌ。数ノ検非違使・官人等、東西ニ次第ニ着並タリ、我ガ朝ノ庁ニ似タリ。爰ニ、盛孝、四方ヲ見巡スニ、知タル人一人无シ」。

この説話は『今昔物語集』「賀茂盛孝、依ニ地蔵助一得レ活語」の冒頭部分である。この場面は、道心堅固な賀茂盛孝が息絶えて、娑婆世界の検非違使庁に近似したあの世へ堕ち下るその瞬間の状況を、余すところなく伝えている。大きな穴から頭を逆さまにして閻魔庁に落下するその瞬間が、息絶える瞬間そのものだとする死の描写もまた、中世期における「地獄草子」の流布状況から考えて、最も一般的な臨終描写とみて大過ないだろう。

西洋の例は、精神科医として数多くの臨床体験を踏まえ、人間の死に至る心の動きを研究したキューブラー・ロスが記した次の一文である。患者が臨終へと向かう様子を克明に伝えている。

「患者が受容と最終的な虚脱の段階に到達したとき、まわりからの干渉は患者をもっとも混乱させるものであり、そのために尊厳のうちに穏やかな死を迎えられなかった患者もいた。これは死が迫っているというしるしで、医学的見地からはほとんど、あるいはまったく兆候の見られない患者でも、最期が近づいているのがわかる。患者は死期が迫っていることを知らせる体内の信号システムに反応する。（中略）質問されれば患者は死が近いのを知っていると認め、「いま」座って話を聞いてくれるように頼むこともしばしばだが、それは明日では遅すぎるとわかっているからだ。私たちは患者側からのこうした主張に敏感になるべきだ。そうしなければ、時間があるうちに患者のことばに耳を傾ける、またとない機会を逃してしまうもしれないからである[20]」。

人間がいよいよ死の瞬間を迎えようとするとき、体内から発する信号システムが働く。そのときまわり人があれこれ干渉すると、かえって混乱させる。自分の最期が近いことを知覚しているこの人は、そばに「いま」すわって最期の話を聞いてくれと頼んでいるようだが、まわりの人はそのチャンスを逃してしまうことがある。キューブラー・ロスが伝える、末期ガン患者の死の瞬間である。

第二章　新しい死

脳　死

『死ぬ瞬間』などで世界的に知られるキューブラー・ロスは、人間の死をこう分析している。

「死はこれまで人間にとってつねに忌むべきことであり、今後もつねにそうでありつづけるだろう」。

「私たちは無意識のうちに『自分にかぎって死ぬことは絶対にありえない』という基本認識をもっている」。

「私たちの無意識にとっては、死ぬのは殺されるときだけであり、自然現象や老齢のために死ぬなんて考えられないのだ」。

「そのために、死は、それ自体が報いや罰をまねくような悪い行ない、恐ろしい出来事を連想させるのである」。

キューブラー・ロスは精神科医の立場から、人は基本的に「自分にかぎって死ぬことは絶対にありえない」と考えていると、ズバリ言い当てている。

しかし、人は絶対に間違いなく死んでいく。殺害以外には自分の死を考えられない人間であっても、それでも死ななければならないのが人間である。その死は、大別して次の三つの形態が考えられる。

一つは、日常的に見られるごく普通の「一般死」である。これは老衰や病死を含めた死を指し、別の言い方をすれば「自然死」とも言える。キューブラー・ロスの言う「自分にかぎって死ぬことは絶対にありえない」死にあたるものである。この場合の死の基準は、循環の永久停止、すなわち「心臓死」をもって個体の死とするもので、最も古典的であり、最も一般的な死の形態である。

二つ目は、前の「一般死」に対して、自殺や不慮の交通事故死などを総称した、「特殊死」と呼ばれる形態である。この特殊な死は、戦中における戦死などに相当するものである。現代では戦死に代わって、車社会の到来による交通事故死、人間社会の複雑化に伴うストレスが引き金となって増加傾向をみせる自殺による死が目立つようになった。その意味でこの「特殊死」は、現代の社会情勢を如実に反映したものと言えるだろう。

三つ目は、まさにこれこそ私たちが直面している現代的な死としての「脳死」である。これは周知のように、一九九七年十月の「臓器移植法」の施行をうけて、新たに成立した死の形態である。その「脳死」は一般にこう定義されている。

「心臓は動いているが、脳全体の機能が失われ、その機能が二度と回復しない状態。心停止による死に対し、人工呼吸器の開発の結果、主に救急医療の現場で現われるようになった。脳死判定には、脳死であると確定する「法的脳死判定」と、医師が脳死の可能性が高いと判断する「臨床的脳死診断」がある。

法的脳死判定は臓器移植の前提となり、臓器移植法の施行規則の基準で判定される。判定基準とは、①深い昏睡状態、②瞳孔が固定、③脳幹反応が消失、④脳波が平坦、⑤自発呼吸がない、の五条件である。六時間後にこれの二回目の判定を行ない、変化がない場合、患者の脳死が確定する」。

以上の三つが、基本的な死の形態であるが、じつはこのほかに、今後さまざまに論議を呼ぶことが予想される「尊厳死」という形態がある。

尊厳死

「尊厳死」は、現実に死と直面した場合、医療機器に頼る延命治療よりは、自らの死は自ら自己決定したいという人間の尊厳性に、そもそもの原点がある。この動きがにわかに顕著になったのは、米国で「リビング・ウィル」(生前の遺書)が死の自己決定の手段と認められてからである。それは一九六〇年代の医療技術や延命治療の長足の進歩をうけた一九七二年のことである。その四年後の一九七六年、いわゆる「カレン判決」と呼ばれる安楽死容認判決が出された。

この年、日本でも「日本安楽死協会」が発足し、その法制化に向けて運動が始まった。その一方で、当然のことながら、「安楽死法制化を阻止する会」も発足した。一九八三年、安楽死の法制化よりも、「死の自己決定」に重点を移し、その名も「日本尊厳死協会」と改名される。人間性の尊厳と高度の精神活動に力点を置いた、「生命の質」を前面に押し出した運動へと移行したのである。多くの人の「ポックリ死願望」をうけて、一九九八年、厚生省（当時）も「リビング・ウィル」の尊重を、末期医療に限って検討する方向に傾いた。

この安楽死・尊厳死は、一歩まちがうと、「殺人罪」「嘱託殺人罪」「自殺幇助罪」に問われかねない、まさに「両刃の剣」である。現に一九九一年、東海大学で「末期ガン患者の安楽死」事件が発生した。さらに一九九八年には、大阪の泉大津市立病院でも、末期ガン患者への筋弛緩剤投与による死亡事件が起きた。

この安楽死・尊厳死の問題は、「生命の質」を問うだけに、さまざまな難題が発生しかねない。等しく生命を持つはずの人間のあいだに「生命の質」の差が生まれるという危惧である。「生命の質の高い人」は手厚い医療が受けられるが、「生命の質の低い人」は治療の打ち切りが宣告されないとも限らない。「生命の質の低い」と見なされる危険性のある人とは、一般的には、たとえば障害者・末期ガン患者さらには高齢者などである。この人たちは自らの死に対して「自己決定」したくてもできない人であり、それを許されない人であり、押しつけられる人である。ややもすれば社会の負担にもなりかねない「社会的な弱者」とされやすいこの「生命の質の低い人」たちの命の保障が、大きな問題となってくる。(21)

「生命の質」を問う安楽死・尊厳死の問題は、評価が二分されるだけに、今後の推移が注目される。そんななか、『北海道新聞』には、平成十二年十二月五日、同十三日、そして平成十三年一月五日と、連続して三件の「尊厳死」の法制化を望む「読者の声」が寄せられた。

まず、平成十二年十二月五日の場合、この日、くしくも札幌市の七〇歳と七二歳の二人の男性がこう訴えてきた。

「人間としての一番の幸せは何か——それは苦しまず安らかに楽しく死ねることでないか。（中略）日本が真の福祉国家を目指すのであれば、一日も早く（中略）「安楽死法」の制定を心から願っている」。

「世界一の長寿国である日本ですが、（中略）要介護老人（中略）が家族その他に大きな精神的・経済的負担をかけている例は少なくない。（中略）こんなときに安楽死制度があれば、安心して預貯金を葬儀代だけ残して満度に使い果たすことができる。（中略）国は安楽死法案を決断してほしい」。

前者は人間の尊厳を中心にした本来的な主張であるが、後者は前にみた「尊厳死」の最も懸念される、「社会的な弱者」の訴えである。二人の主張には、ともに切実なものを感じる。

この二人の意見をうけて、十二月十三日、北海道十勝管内の八一歳の男性が、「私を含め老人クラブなどでの会話は、身内や周囲の迷惑を最小限にとどめ往生したいとの意見が大半である。（中略）倫理上の問題もあろうが、他から強要されるものでもなく、あくまでも自分の意思で判断するものである。政府・医師会などは、世論の動向を見て早急に法制化に努力してもらいたい」

と、倫理上の問題に触れつつも、「安楽死・尊厳死」の法制化を望んでいる。

年も改まった一月五日、「21世紀　私の願い」の中で、七二歳の函館の男性が「尊厳死の法制化　私の最大の願い」と題してこう記している。

「人間の欲には限りがなく、だれしも健康で長生きしたい、死ぬときは苦しまずに、と自分勝手な望みを持っている。（中略）生体移植同様に決定までにはいろいろ問題もあろうかと思うが、とくに老齢者を対象にしたものに絞ってでも、一日も早い法制化を望むものであり、これが今世紀最大の願いである」。

四人は異口同音に、安楽死・尊厳死の早急な法制化を望んでいる。これは決して北海道だけに限られたものではなく、おそらく高齢者一般の本音の大きな部分であろう。この三件四人がいずれも、女性ではなく男性であることも、なにか高齢男性の心理的弱さが象徴された現代社会のありようを反映しているようである。

死生観の四つのベクトル

このように「一般死」「特殊死」「脳死」に加えて、「安楽死・尊厳死」を求める世論も起こり、死はその形態をめぐって、ますます複雑化してきている。

改めて言うまでもなく、人間は他の動物と同じく、細胞の集合体としての自然的な生き方をする。しかしそれだけではない。人は個人、また集団の一員として文化的な生き方をしている。これはある意味、人間だけに許される生き方である。こうした文化的な生き方をするのが人間である以上、そこにさまざまな死に方があっても、何ら怪しむに足らない。むしろ、当然でさえある。

私たちのこのような多種多様な生き方や死に方を考えたとき、私たちはそれを現実の生活の中で、どう意識化しているかを問うことも、意味がないわけではない。複雑化している現代の死生観を考えると、「いま」の自分を直視する上で、多少の意味を持っているだろう。

私は、現代における「死」に対する取り組み方ないしは認識の仕方を、**図1**のように考えている。私流の、現代人が描く「死生観の構造」である。

この図に見るように、現代人の「生と死」に対する考え方は、基本的には、「生物・医学的死生観」「文学・哲学的死生観」「心理・文化人類学的死生観」、そして「民俗・宗教的死生観」の四つに大別できるのではなかろうか。それを四角錐に表現した。

ＰＢは「生命」のベクトルであり、これを生物・医学的死生観と呼ぶ。このベクトルは頂点

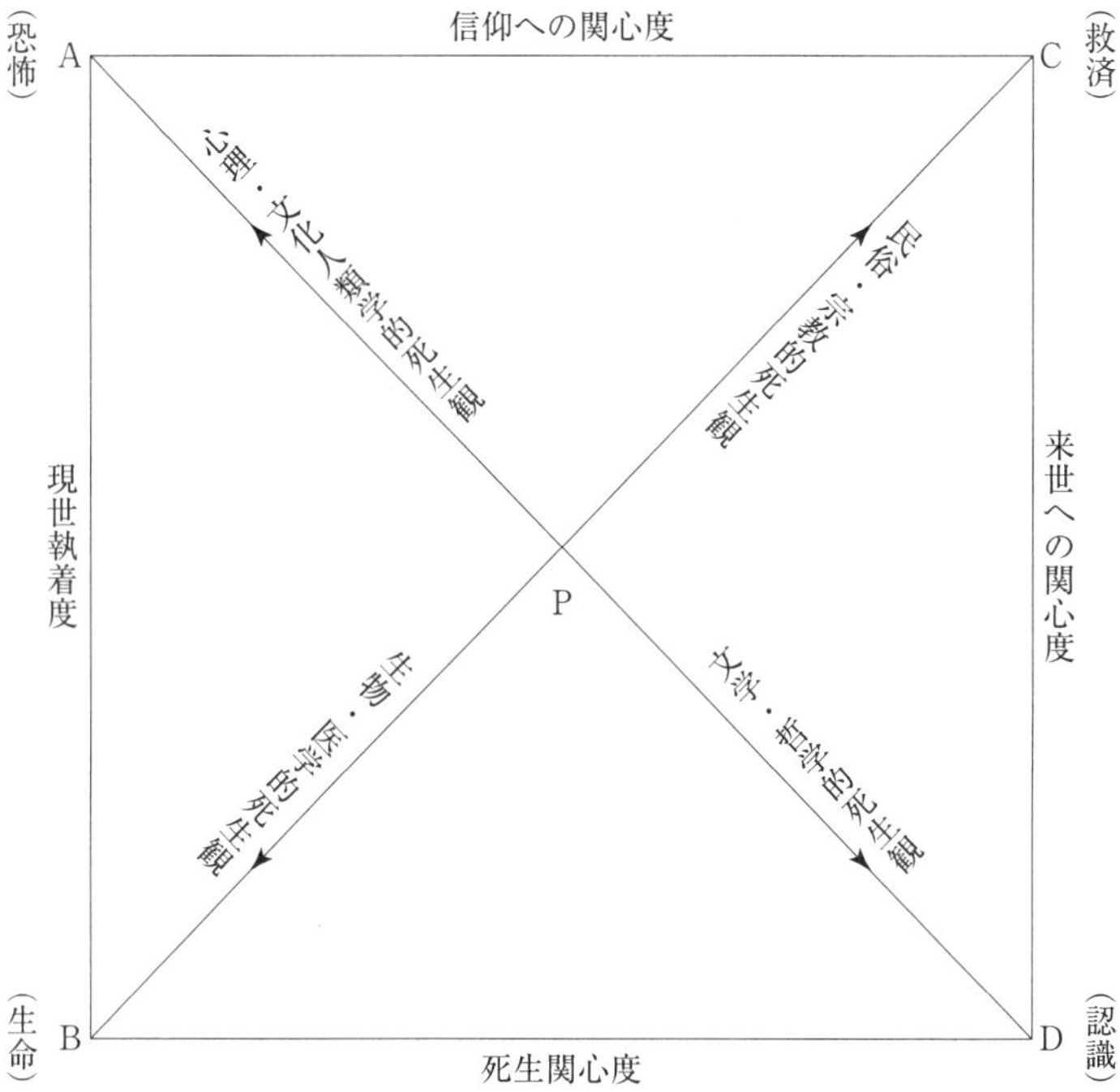

図１　死生観の構造

Ｂに向かうほど、現世に対する執着度や「死生」に対する関心度は高まる。言うなれば、このベクトルは、「いつまでも生きたい」と願う「生命」へのベクトルである。

ＰＤは「認識」のベクトルであり、これを私は文学・哲学的死生観と呼ぶ。このベクトルは頂点Ｄに向かうほど、死生に関する認識の度合いが深まると同時に、来世への関心度も深まる。この「認識」ベクトルは、「死を考える」ベクトルである。

ベクトルＰＡは「恐怖」のベクトルであり、これを心理・文化人類学的死生観と呼ぶ。頂点Ａに向かうほど、死に対する恐怖の度合いが強まり、かつ信仰への関心も強まる。この「恐怖」ベクトルは、「死の受容と排除」を表わすベクトルである。

最後のＰＣは「救済」のベクトルであり、これを民俗・宗教的死生観と呼ぶこととする。このベクトルは頂点Ｃに向かうほど、信仰と来世への関心も高まる。この「救済」ベクトルは、「あの世で救われたい」と念ずるベクトルである。

私たち現代人はこうした四つの死生観を基本的に持っているが、その各々のベクトルの持ち方や強弱は、個人によってまちまちであり、決して一様ではない。おそらく、「いつまでも生きたい」とするＰＢの「生命」ベクトルはほぼすべてが持つと思われるが、ＰＤの「認識」ベクトル、ＰＣの「救済」ベクトルは必ずしも全員が保有するとは限らない。

私たちの死生観が十人十色であるのと同じように、このベクトルの保有の仕方も当然、まちまちである。

第三章　脳死・臓器移植をどう考えるか

臓器移植の一〇の実例

前章の「死生観の構造」で確認したベクトルPBは、「生命」を表わすベクトルであり、私はそれを生物・医学的死生観と規定した。言うなれば、私たちの生に対する執着を表現したもので、「いつまでも生きたい、生かしたい」という願いと思いがそこに込められている。

この世に生を受けた私たちの多くは、いつまでも健康で長生きしたいと思い、日ごろから塩分をひかえめにしたり、栄養補助食品を摂取したりしている。適度なスポーツを心がけて、散歩やジョギングを取り入れている人もいるだろう。多くの人は、自分に合った健康管理に気を配っているはずである。現代病といわれる「ガンの早期発見」のための定期健康診断、いろいろな高度医療技術を駆使した延命治療なども、すべて「いつまでも生きたい、生かしたい」という願いと思いにもとづいている。

　この「いつまでも生きたい、生かしたい」という私たちの生命ベクトルが、一九九七年の臓器移植法と脳死の導入によって、新たな展開を見せることとなった。表8に見るように、脳死判定と臓器移植が日本で初めて行なわれたのは、一九九九年二月二十八日、高知赤十字病院においてであった。それ以来、平成十三年二月十二日現在までで一〇例を数える。これまでの医療にはない、まさに空前の高度医療の時代を、日本も迎えたのである。

　この「脳死・臓器移植」については、その当初から賛否両論があった。哲学者で元脳死臨調委員でもある梅原猛氏は、

「やはり脳死は移植のために人為的につくった不安定なもので、さらに医学が発展し、現在では脳死となる人が生き返るようなことになれば、脳死の概念はどうなるのだろうか」

と懸念した上で、こう結論している。

「人間の個体としての尊厳は「拒絶反応」という現象に現れている。そのことを忘れてはならないと思う」。（『北海道新聞』平成十一年三月一日付）

　この間、さまざまな出来事があった。移植のため脳死後の臓器提供の意思を示しながら、体の損傷で法的脳死判定ができないとされた医学生のドナー家族のことが、『北海道新聞』の平成十一年十一月二十八日から十二月三日までの間、「いのちの日々」「ドナー家族の決断」の五回シリーズで取り上げられた。臓器提供側の揺れ動く心情が、こう伝えられていた。

「理屈では移植は分かる。火葬してしまえば、なくなってしまうわけだから。だけど、（中

略）息子の細胞が、見ず知らずの人の中で生きていく。そう思うと心情的に耐えられない。死んだのか、生きているのか……。もちろん、一部でもだれかの体の中で生きているということは、うれしいことではあるけれど、たまらない」

という親としての揺れる思い。提供を決意された弟の気持ちも複雑でつらい。

「自分もすべての臓器を提供する意思を示したカードを持っている。そんなぼくでも、いよ

表８　脳死・臓器移植の実例

	脳死判定日	提供病院と提供者	臓器
1999年	①２月28日	高知赤十字 40代女性	心臓 肝臓 腎臓
1999年	②５月12日	慶応 （東京・新宿区） 30代男性	心臓 腎臓
1999年	③６月13日	古川市立 （宮城県） 20代男性	心臓 肝臓 腎臓
1999年	④６月24日	大阪府立 千里救命救急センター 50代男性	腎臓
2000年	⑤３月28日	駿河台日大 （東京・千代田区） 20代女性	心臓 肝臓 肺 腎臓
2000年	⑥４月15日	由利組合総合 （秋田・本荘市） 40代女性	肝臓
2000年	⑦４月25日	杏林大 （東京・三鷹市） 50代女性	心臓 肝臓 膵臓 腎臓
2000年	⑧６月７日	藤田保健衛生大 （愛知・豊明市） 60代女性	医学的理由で移植に至らず
2000年	⑨７月８日	福岡徳洲会 （福岡・春日市） 10代女性	心臓 肺 肝臓 腎臓
2000年	⑩11月４日	市立函館 60代女性	肝臓 腎臓

いよとなったら迷いが出てきた。やるしかないと思っていたが、本当にこれでいいのかと。いずれ呼吸は止まるかもしれないけど、その前にわれわれが止めてしまうのはすごくつらかった。可能性だってゼロではない。もしかしたら、とも思った」。

この五回のシリーズののち、十二月五日付で読者の反響の声が報じられた。

「私たち夫婦も結婚して一年ほどで、臓器提供意思表示カードを一緒に書きました。でも、持ち歩くことができないのです。(中略)でも記事を読んで少しずつ気持ちが変わりました。もう一度、主人と話し合い、少しでも役立てるよう前向きに考えたいと思います」

という匿名の女性。

「記事を読み、ドナー家族の苦しみ、つらさが本当に分かりました。自分がその立場だったら……。頭の中は混乱するばかりですが、もう一度、考えたいと思います」

という、医学生の子を持つ旭川市の主婦。

「二十歳になる子供に言ったことがあります。『お母さんは他人のものをもらってまで生きようとは思わない。だから他人にもあげない』って。死んでいるのに、臓器だけはどこかで生きているなんていやだから。死は死として受け入れるべきだ、と。いまの段階ではそう考えています。たとえ子供がドナーカードを持っていても、同意はしないとも伝えてあります」

と、臓器移植をきっぱりと否定する北海道日高管内の主婦。

このように、「脳死・臓器移植」の問題は臓器を提供する側にあって、複雑な心情が交錯する最大の難題である。

その一方で、難病に苦しみ、臓器の移植しか残された道のない提供を待つ患者、家族もいる。そのせつない思いを抱きつつ悲運にも移植を断念せざるを得なかった例が、平成十二年二月二十五日、『北海道新聞』に大きく報道された。札幌市在住の一歳七カ月の幼女が心肺同時移植を求めて米国に渡航したものの、それはかなわず、小さな命の灯が消えてしまったのである。この幼女の命を救おうと、平成十一年末に「救う会」が結成され、全国から相当な善意の募金が寄せられていただけに、その反響も大きかった。

この一件は、臓器移植法施行後なかなか進まぬ日本の脳死・臓器移植や、現在は認められていない、国内における一五歳未満の臓器移植に対しても、少なからぬ影響を与えていくに違いない。

この痛ましい報道もあってか、札幌市が行なった意識調査では、「臓器を提供したい」と考えている市民が四七％に上ったという。また、意思表示カードの所持率は全国の九％の二倍を超える一九％に達したという（『北海道新聞』平成十二年十一月五日付）。

臓器移植の問題点

脳死・臓器移植の是非を問うことは、難しいというより、ある意味で残酷でさえある。何よりも、人の命の是非を問うことはできない。しかし、もしもその究極の選択を迫られたとしたら、私たち一人ひとりはどう対応するのであろうか。

平成十一年十二月三日付で、『週刊読書人』は脳神経外科医の山口研一郎氏の「『脳死』を脱却して生きる若者たちの訴え」と題する「脳死・臓器移植」論を掲載していた。人の命そのものの意味を問う立場から、脳死・臓器移植に対して消極的な山口氏はここで、頭部外傷や病気による後遺症を持つ若者と家族の会が編んだ『生きててもええやん—「脳死」を拒んだ若者たち』という本のことを紹介している。この本から、脳死状態に近い一五〇組の若者とその家族の「生き続けたい」切実な願いが聞こえてくると伝えている。

山口氏はこうした実態をあげながら、次のような重要な警鐘も鳴らしている。

「『命の贈り物』『愛の行為』として賛美される脳死移植の根底には、脳の強い損傷によって一生重度障害者として家族や社会の保護を受けながら生活するより、「脳死」として新鮮な臓器を提供し、他人の中で生き続けていくほうが本人にとっても幸せといった考え方が横たわっている」。

この「無駄死にするか、臓器を移植して社会に貢献するか」という二者択一の論理は、じつはこんな重大な意味をはらんでいると、同紙は十二月十日付で警告する。

「社会は、一人ひとりの確立された自己ではなく、集団を構成する一員としていざという時は命（体）を捧げる覚悟を持つ人を必要とするようになる。文化も、個々人の特性を生かすことではなく（中略）手段として使われるようになる。これはとりも直さず、人々が戦争に動員された時代の社会や文化が、脳死移植を通してでき上がるということを意味する」。

この山口氏の、二者択一の論理を危惧する声が届いたかのように、じつは平成十二年十月五日付『北海道新聞』で、釧路市の公務員が一五歳未満の子供の臓器移植の報道の仕方をめぐり、こう憂慮している。

「もし個人の意思にかかわらず臓器提供が可能となれば、将来、人道的観点のもと、臓器提供を家族に対して「強要」するようになるのでは、と感じるのは私だけであろうか。昨今の雰囲気は、臓器提供意思を善とし、臓器提供しない意思を持つ者を否定的に扱っている気がしてならないのだ」。

これからの時代は、中国の聖典の一つである『孝経』の「身体髪膚《はっぷ》、敢《あ》えて毀傷《きしょう》せざるは、孝の始めなり」（両親からいただいた身体を決して傷つけないこと、損《そこ》なわないことが、何よりの両親への恩返し、親孝行である）という教えは、まったく空虚なこととして葬られてしまうのであろうか。

臓器移植をめぐる苦悩

平成十二年十一月四日、市立函館病院で一〇件目の脳死判定が行なわれた。これは北海道で初めての判定実施でもあり、大いに関心を集めた。年も改まり、そのほとぼりが少し冷めた平成十三年一月二十五日から五回にわたり、臓器提供者（女性）の夫へのインタヴューが、「『妻との約束』―脳死ドナー家族の証言―」として報道された。（『北海道新聞』）

その中で、息子が小学生のときに腎臓を患ったことが臓器提供の背景になったこと、妻の「臓器提供意思表示カード」への署名は、妻として母としての感謝を示したプレゼント代わりの約束であったことなどが語られた。そしてくも膜下出血後、市立函館病院に運ばれ、二度の脳死判定を受け、いよいよ最期の場面、揺れる心を抑えながら、「私は妻の手を握り、『これでやっと楽になれたね』と声をかけました。息子は『お母さん、お母さん』と叫んでいました。娘は涙を流すばかりでした。握りしめた彼女の手には、ぬくもりがありました」。

提供者の夫はこれに続けて、脳死ドナー家族として提供者の意思が最大限に生かせるよう、臓器摘出と搬送をもっと早急にしてほしいこと、今後ますます移植医療が広く社会の中に認知されることを願っていると語っている。

臓器提供をした家族へのインタヴューは大きな反響を呼び、二月五日、「読者からの反響」として報道された。

札幌市の主婦は、小学校四年生の息子との会話を伝えてきた。

「『お母さん、ドナーカードを持ちたいと思うの。どう思う』と尋ねました。息子は『だめ。ぼくはいや。お母さんの体が切られて中身だけ取られていくのはかわいそう。天国にも行けないよ』と、説得するように言いました」。

臓器提供を考えている旭川市の教員は、「残された家族の気持ちを考えたとき、ためらいが生まれました」と、意思表示カードへの書き込みを迷う気持ちを伝えてきた。

移植そのものを依然、否定的に捉える声も届けられた。

「脳死移植が回を重ねるごとに抵抗感は薄らぎます。でも、それでよいのでしょうか。いったい生命とは、どこからどこまでなのか。移植や生殖医療の報道を見るたびに分からなくなります」。（千歳市の匿名）

「脳死は人の死ではない、心臓が動いている。臓器提供する人が善意で、提供しない人は薄情なのでしょうか」。（旭川市の看護士）

「脳死・臓器移植法」の施行後五年を経た今、その実例を一〇数えても、この問題はその原点に対する懐疑もふくめ、大いに揺れ動いている。

こうした現実も踏まえ、次に二つの「脳死・臓器移植」に関するアンケートを紹介しよう。

アンケート調査から

一つは私の勤務先である北海道教育大学で平成十二年十二月に実施したアンケート調査（表9・10）であり、もう一つは市立函館病院高等看護学院の第四八回生が「看護研究」の一環として実施した結果の表11（A）〜（N）である。[22]

表9に見るように、教育大生の約七〇％は臓器移植に賛成であり、その理由の大半は「助か

表 9　臓器移植の賛否（男性100人、女性107人）

	理　　由	男	女
賛成	1．助かる命を救い、役立ちたい	58	43
	2．個人の自由	5	4
	3．死後も他人の体内で生きられるから	4	0
	4．死の意味が理解できるから	3	0
	5．人の寿命の延長になるから	3	13
	6．脳死で家族の負担になるから	2	1
	7．生命のリサイクルになるから	1	3
	8．医療手段のひとつ	0	4
	9．理由未記入	0	2
		76	70
反対	1．そこまでして生きる必要はない	4	0
	2．自分や愛する人の体に傷がつくから	2	1
	3．脳死だけで人の死は決められない	1	1
	4．臓器移植を目的にした殺人や商売が起こる	0	2
	5．移植による延命は不自然	0	1
	6．移植に莫大な費用がかかる	0	1
		7	6
どちらでもない	1．一般論としては賛成だが、自分は関わりたくない	10	12
	2．複雑な心境であり、態度は決めかねる	5	8
	3．個人の自由	2	9
	4．倫理上よくない	0	1
	5．自分は賛成だが両親が反対している	0	1
		17	31

表10　臓器提供意思表示カードの所持（男性100人、女性107人）

	理　　由	男	女
カードを持っている	1．臓器移植に賛成し、その意思があるから	14	15
	2．カードを持っているが未記入	5	2
	3．死んだら臓器はいらないから	3	0
	4．臓器をとられたくないから	2	1
	5．最期の意思表示ができるから	1	4
	6．理由未記入	0	1
		25	23
カードを持っていない	1．持つ機会がない	20	15
	2．あまりよく知らない	12	13
	3．自分の体が他人に使われるのに抵抗がある	12	6
	4．カードを持つ決心がつかない	11	19
	5．まだ若いから考えたくない	5	5
	6．臓器移植に反対	4	5
	7．親とも話し合っていない	4	3
	8．親が反対している	3	8
	9．以前持っていたがなくした	2	3
	10．移植に適さない体だから	1	1
	11．理由未記入	1	4
	12．すべての臓器のまま死にたい	0	1
	13．どこでも配られていて信用がおけない	0	1
		75	84

表11　看護学生の脳死・臓器移植に対する意識調査

(A)　アンケート回収率

学　年	配布枚数	回収枚数	回収率(%)
1年生	65	62	95.4
2年生	55	50	90.9
3年生	63	63	100.0
合　計	183	175	95.6

(B)　ドナーカードを持っていますか

学　年	所有率(%)
1年生	35.5
2年生	32.0
3年生	36.5
全　体	34.9

(C)　ドナーカードの所有者で、脳死の時、提供できる臓器は(%)

臓器／学年	心臓	肝臓	肺	膵臓	腎臓	その他
1年生	50.0	50.0	50.0	50.0	50.0	4.5
2年生	37.5	43.8	56.3	50.0	50.0	0
3年生	69.6	60.9	60.9	69.6	65.2	17.4
全　体	52.3	51.5	55.7	56.6	55.0	7.3

(その理由)
・人のためになるなら
・提供できる臓器は全部
・死んだら必要ない

(D)　ドナーカードの所有者で、心停止の時、提供したい臓器は(%)

臓器／学年	腎臓	膵臓	角膜	その他
1年生	45.5	45.5	40.9	4.5
2年生	48.8	43.8	37.5	31.3
3年生	60.9	60.9	52.2	8.7
全　体	51.7	54.0	43.5	14.8

(その理由)
・役立ててほしい
・健康なところはすべて使ってほしい

(E)　臓器を提供しないと意思表示した人

1年生	1人
2年生	0人
3年生	1人

（その理由）
・自分の体は自分だけのものではなく、反対する人がいれば提供できない
・家族の反対があった

(F)　カードを持っていても、未記入の人

1年生	9人
2年生	7人
3年生	1人

（その理由）
・自分の意思が決まっていない
・もっと時間をかけて考えたい
・若いから今のうち決められない
・親の反対
・カードに「移植可」と書くと死んでしまいそうだから
・安っぽい紙一枚で決められたくない

(G)　ドナーカードを持つきっかけは(%)

きっかけ ＼ 学年	1年生	2年生	3年生	全　体
TVコマーシャルを見て	18.2	12.5	8.7	13.1
友人にすすめられて	18.2	6.3	4.3	9.6
意思表示したいから	36.4	18.8	47.8	34.3
なんとなく	18.2	31.3	17.4	22.3
その他 ・コンビニにあったから ・献血ですすめられた ・ニュースで見たから	4.5	25.0	21.7	17.0

(H) ドナーカードをどこで入手したか(%)

場所＼学年	1年生	2年生	3年生	全体
郵便局	1	0	0	0.3
コンビニエンスストア	54.5	68.8	56.5	62.3
日本臓器移植ネットワーク	0	0	0	0
その他 ・献血センター ・市役所 ・保健所 ・友人 ・成人式会場 ・父	40.7	25.0	0	22.0

(I) ドナーカードを持っていることを家族は知っているか(%)

1年生	2年生	3年生	全体
59.1	81.3	73.9	71.4

(その理由)

・家族の同意が必要

・家族で話し合った

・自分の意思を認めてほしい

・もしもの時の心の準備

(J)　ドナーカードを持っていない理由(%)

理由＼学年	1年生	2年生	3年生	全体
興味がない	5.0	14.7	17.5	12.9
入手場所がわからない	42.5	26.5	30.0	27.3
提供意思なし	12.5	23.5	12.5	16.1
知らなかった	0	0.1	0	0.03
その他 ・きっかけがない ・親の反対 ・もっと知ってから	35.0	29.4	37.5	34.0

(K)　今後ドナーカードを持つ意思があるか(%)

学年＼回答	はい	いいえ	わからない
1年生	47.5	5.0	40.0
2年生	23.5	20.6	52.9
3年生	35.0	0	57.5
全体	35.3	8.5	50.1

(L) 家族が提供者になった時、あなたは同意しますか(%)

学年＼回答	は い	いいえ	わからない
1年生	53.2	11.3	32.3
2年生	40.0	24.0	34.0
3年生	58.7	7.9	33.3
全 体	51.2	14.4	33.2

(「はい」の理由)
・家族の意見を尊重したい
・人の命が助かるから
・話し合いの結果だから
(「いいえ」の理由)
・自分が提供するのはいいが、家族の場合、認めたくない
・意識が戻るかもしれない
(「わからない」の理由)
・その時になってみないとわからない
・家族だと話は別
・人が助かるのはよいが、家族が傷つくのは見たくない

(M)　あなたは脳死を人の死と認めますか(%)

回答／学年	は　い	いいえ	わからない
1年生	41.9	24.2	29.0
2年生	20.0	38.0	40.0
3年生	38.1	34.9	27.0
全　体	33.3	32.3	32.0

(「はい」と答えた理由)
・人間らしい行動ができないから
・感情がなくなっているから
・自分というものを認知できないから
(「いいえ」と答えた理由)
・心臓が動いているから
・意識が戻るかもしれないから
・意識がなくなっただけで脳死と認めたくないから
・人は脳だけで生きているわけでないから
(「わからない」と答えた理由)
・その時の状況をみないとわからない
・考えがまとまらない
・脳死患者の家族の気持ちになるとわからないから
・はっきりとわからないから

(N)　あなたは臓器移植に賛成か(%)

回答／学年	は　い	いいえ	わからない
1年生	87.1	0.1	6.5
2年生	62.0	0	36.0
3年生	92.1	0.1	6.3
全　体	80.4	0.06	16.2

(「はい」と答えた理由)
・人の命が助かるから
・生きたいと思う人が生きられるから
・移植の必要な人がいるから
・臓器移植は命のリレーだから
(「いいえ」と答えた理由)
・心臓が動いている限り生きているから
・意識が戻るかもしれないから
(「わからない」と答えた理由)
・助かる人もいれば悲しむ人もいるから
・他人の臓器をもらってまで生きるかどうか何ともいえないから
・臓器の売買があるかもしれないから

る命を救い、役立ちたい」点にある。態度を決めかねている女性が約三〇％いるのも注目される。

一方、表10でドナーカードの所有を聞いたところ、その所有率は約二〇％ほどであり、八〇％が所有していない。その理由は、持つことへの迷いと抵抗感、およびその機会に恵まれないなどをはじめ、多種に及んでいる。大ざっぱに言えば、一般論としての臓器移植には賛成であっても、いざ自分の立場に置きかえれば事情はまた変わるという、まさに「使い分け」をしていると言えまいか。そこには、やはり苦渋の選択が横たわっていることを、表9と10のアンケートは物語っている。

表11の看護学生のアンケートは、明日の医療従事者にふさわしく、じつにきめ細かい意識調査となっている。

(A)のアンケート回収率に見るように、総数一七五人を対象にして、(B)から(N)に至る一三項目の綿密な調査となっている。(B)のようにドナーカードの所有率は、教育大生に比べ約三五％と高い。(C)と(D)に見るように、ドナーカードの所有者で臓器を提供する意思は明確でかつ半数を越えている（ただし角膜の提供の割合はやや低い）。

(F)のようにカードを所有していても、全体の約一〇％が決心がつかず未記入であるのは、表10の教育大生の「未記入」に比べ高い比率を示している。これはカードの所有率は高いものの、看護学生の中にも迷いがあることを示しているといえよう。この迷いを如実に反映しているのが、(J)の「ドナーカードを持っていない理由」に見える「その他」(親の反対とか、もっと知ってから)と、(K)の「今後ドナーカードを持つ意思があるか」の中の「わからない」の占有率ではないだろうか。

ドナーカードを入手した場所がコンビニであることは、現代社会を反映している(H)。このカードを持つに至ったきっかけは、「意思表示をしたい」という明確な態度表明であり(G)、一般を代弁していると考えられる教育大生の意識とは相違する。

(L)の「家族が提供者になった時、あなたは同意」するかに、半分は「はい」と答えていること、(N)の「臓器移植」への賛否に八〇%が賛同していることは、看護学生の専門性が色濃く反映している。

ただ、(M)の「あなたは脳死を人の死と認めますか」について、「はい」「いいえ」「わからない」がほぼ三等分された形で分かれているのは、「脳死・臓器移植」に対する迷える意識が反映されているようで、注目される。

「脳死・臓器移植」の問題が現代の私たちの生き方に大きな宿題を課したことは、間違いのない事実である。

第四章　文学と哲学をとおして

文学が語る死の世界

ここでは、「死生観の構造」（八五頁）で図示したＰＤの「認識」ベクトルについて見ていくことにしよう。私たちにとって、死とはどんなものか、死とはどのような意味があるのかを検討する。言葉をかえていえば、文学と哲学を通して死を問い、死を考える「認識」ベクトルの旅である。

倉田百三の『出家とその弟子』の第六幕第四場は、親鸞の臨終の場面であり、物語の最終場面である。親鸞の最期に間に合うべく、義絶されていた息子の善鸞が常陸稲田から馳せ参じ、親子の最後の対面を遂げる。そこには、息子の犯した仏法上の罪をゆるし、すべての人間に平和が訪れることを夢幻の中で念ずる人間親鸞がいる。

親鸞　裁く心と誓ふ心は悪魔から出るのぢや……人の僕《しもべ》になれ。人の足を洗つてやれ……履《くつ》の紐をむすんでやれ。（間）ほむべき仏さま。（段々夢幻的になる）わしのした悪がみなつぐなはれる。みな赦される。罪が美しくなる、罪で美しくなる。奇蹟！　七菩提分《しちぼだいぶん》、八聖道分《しょうどうぶん》、涼しい鳥の啼き声がする……園林堂閣のたゝずまひ……綺麗な浴地だな。金色の髪を洗つてゐられる。皆履《くつ》をぬがれた。あの素足の美しいこと。お手を合された。皆歌はれるのだな。仏さまをほめるうただな……

勝信、善鸞登場。

唯円　善鸞様。早くお側へ。もう御臨終でございますぞ。

善鸞　（我を忘れてよろめくやうに親鸞の側に寄る）父上様。（声咽喉《のど》につまる）

親鸞　皆跪《ひざまづ》いて三宝を礼拝してゐられる。金色の樹の果《こみ》が枝をはなれて地に落ちた。皆それを蒐《あつ》めて十方の諸仏を供養なさるのぢや……あ、花がふる。花がふる……

唯円　（親鸞の耳に口をあてる）善鸞様がお越しなされました。

善鸞　（声を高くする）父上様。善鸞でございます。わかりましたか。わたしで御座います。

親鸞　（眼を開き善鸞の顔を見る）お、、善鸞か。（身を起さうとしてむなしく手を動かす）父上様。

侍医　（制する）おしづかに。

（中略）

善鸞　わたしは悪い人間です。わたし故に他人がふしあはせになりました。わたしは自分の存在を呪ひます。

親鸞　お丶畏ろしい。われとわが身を呪ふとは、お前自らを祝しておくれ。悪魔が悪いのだ。お前は仏様の姿に似せてつくられた仏の子ぢや。

善鸞　もつたいない。わたしは多くの罪をかさねました。

親鸞　その罪は億劫《おくごう》の昔阿弥陀様が先きに償《つぐの》うて下された……赦されてゐるのぢや、赦されてゐるのぢや。（声細くなりとぎれる。侍医眉をひそめる）わしはもう此の世を去る……（細けれどしつかりと）お前は仏様を信じるか。

善鸞　わたしの浅ましさ……わかりません……きめられません。

親鸞　お丶。

侍医　どなた様も、今が御臨終でございますぞ。

親鸞　それでよいのぢや。みな助かってゐるのぢや……善い、調和した世界ぢや……お丶平和！　もっとも遠い、もっとも内の。なむあみだぶつ。

侍医　もはやこときれ遊ばしました。

この最期の場面は、人間親鸞が美しい夢の幻想世界に一歩一歩入っていく様子が、私たちにも彷彿としてくる。金色のあの世では、十方の諸仏が供養している姿を親鸞は想い念じている。私たちはこの作品を通して、限りある人間のあの世への旅立ちを窺うことができる。前に見た「臨死体験」の場面にも似た旅立ちを。

次にもうひとつ、文学による死の描写を紹介したい。私の住む街に在住する木下順一氏の『湯灌師《ゆかんし》』という作品である。(23)平成十年度の第三二回北海道新聞文学賞に輝いた秀作である。七歳のときに右脚を結核性関節炎で切断され、この右脚を一歩先にあの世へと送り出した木下氏は、それ以来いつも、自分の中に死後の世界が存在していると思い続けてきた。死者の体を清め、死出の旅への装束を施す湯灌師が、この作品の主人公である。木下氏は作品の背景とその意図するところを、こう語っている。

「この頃は人間は長生きで、死ぬのを忘れているが、人間は必ず死ぬのである。死とは何かということを子どもの頃から考えていた私は、私の右足は死んで、すでに一足先にあの世にいるのだという考えからまぬがれなかった。それで観念として、私は幼い頃から、この世とあの世をいったりきたりしている錯覚を持った。人は死ぬと、どこへ行くのだろう。湯灌師を主人公に、「湯灌」「気配」「儀式」という三部作を書いたのも、自分なりにあの世について考えたいからだった。私にとってあの世とは宗教の世界ではない。自己体験による想像の世界である。だからそれは小説になるだろう。そして、小説こそ、あの世が暗示できると思った」。

木下氏はあの世を自己体験による想像の世界と捉え、それを小説によって暗示できるとする。この暗示に誘《いざな》われて、『湯灌師』の世界に入ってみよう。

「何体死体を扱っても死体に馴れるということはなかった。見知らぬ家へ湯灌に行く。死者は悲しむ人たちのまえに横たわっている。このものいわぬ亡骸とは何だろう。数時間まえまでは生きていたのだ。涙を流したり、笑ったり、ときには肉体の痛みに顔を歪めたり、呻いたりしていたのだ。それがいまはものをいわない。三日まえの若い女のときも、その死体は冷たい拒絶を見せたが、死化粧をしているうちに、生きているときとは違う、もう一つの奥の深い静謐《せいひつ》で縹渺《ひょうびょう》とした思いの契りができあがるのだった。湯灌師ならこういう経験があるはずで、死体とは生の終わりでなく、死後の世界の始まりだということを死者を通して知っているからだった」。

主人公の湯灌師は数多くの死体をあの世へと旅立たせているうちに、「死体とは生の終わりではなく、死後の世界の始まりだ」と認識するようになる。

それでは、湯灌師はこの死後への旅立ちを、どう見届けるのであろうか。その状況について主人公は友人の「闇さん」に、次のように説き明かした。

「私は湯灌のたびに、死者はいったいどこへ行くのだろうと思った。死体は火葬に付されたあと自然に還るが、魂は自分で出てきた住処にもどるのかもしれない。私は闇さんに、死者に化粧して白を着せているとき、いつも死体はそれぞれことなる重さを持っていることや、また魂も死体のなかで、死体になってから、死体としていろんなことを考えているのではないだろうかといった。ときには死体がものを言いそうになったりするのは、やはりまだ死体のなかに、魂がいるからではないか。人間はどこから来て、どこへいくかわからないが、生きている人間より、死体のほうに、意識や魂の存在を強く感じる」。

主人公の湯灌師は、死体の中に意識や魂の存在を認めるのである。

主人公には、とりたてて信仰心などはないという。もしもあえてあるとすればと条件をつけた上で、死体の中の魂についてこう語る。

「わたしは何も信じていない。信じているものがあるとすれば、湯灌のとき、この両手に感じる死体の重さと湯灌を終えて柩に納めたときの死者の頭からすっと立ちのぼる白いかげろうのようなものです。それは昇天する魂かもしれない。死者はそのとき、何かこちらに礼をいってるように思えるのです……」。

「わたしの経験でいうと、どんなに時間が経っても、湯灌され、柩に納められるまでは魂は死体の中にのこっている。しかし、その説明はむずかしいね……」。

主人公はこのように、湯灌のとき死体から白いかげろうのようになって昇天していく魂を見るというのである。

死体と魂との関係をこう捉えた湯灌師は、ついに死後の世界の有無について語る。作品のクライマックスでもある。友人の「闇さん」とのやりとりの中に、主人公は死後の世界を説く。闇さんは頷きながら聞いていたあとで、凝っと私に熱っぽい視線を注ぎながらこういった。

「死後の世界はあるんですか」

「わたしはあると思ってる」

「信仰がないのに」

「信仰と関係ないんです。人間の証明です。人間である証明として、わたしは死後の世界を創っているんです。夥《おびただ》しい死体が、わたしに死後の世界を暗示した……」

「死ぬと何かがわかると考えてますか」

「生きてる間は、自分がよくわからない。自己と自己がぴったりかさならない」

「死後の世界が自己と自己がぴったりかさなるんですか……」

「それもはっきりはわからないけど、若い頃、頭のいい友人に教えられた言葉があるんです。何でもギリシアの神殿にかかげられていた言葉だそうです。『汝自身を知れ』というんですが、死んだとき、その有名な『汝自身を知れ』が始まって、一瞬にして自分を知り、自己と自己がぴったりかさなると考えているんです。こういうことがありますよね。拳闘選手がノックアウトを食ってリングに倒れ、カウントを取られる。たった七つしか取られていないのに、気を失ってから、その七つのカウントまでの間に、この選手は、過去のすべてをその気絶の間に見てしまう。なんと永い回想だろうと思って気がつくと、カウントを取られており、七つだとわかり、まだ間に合うと立ちあがる。死者の頭はもっと早い速度で生まれるまえの混沌とした暗闇に浮上する小さな点から誕生までや、誕生後から死ぬまでの一生の回想を僅か数時間の間でしてしまい、自分を発見するのです。自分とは何であったかわかるのです。生きている間は、『汝自身を知れ』が言葉でしかわからなかったのに、死んで初めて、その内容も本質もわかった。死んで自己が自己だとわかり、『俺はこうだったのか』とわかるんですね。死後の世界はあります。二十代だったろうか、幼児の死体を湯灌したことがあります。母が泣いていた。三十年後、偶然、わたしはそのときの母の死体を湯灌した。いい顔をしていた。この世の女の顔ではない。神々《こうごう》しいんです。わたしが強く胸を打たれたその母は、病気で床についたとき、死ねば、わたしは幼児のとき失った息子の魂に出会って、わたしの罪を裁いて貰えるといってたそうです。わたしが見た神々しい顔とは、待ちに待ったそのときが来て、これから三途の河を渡るという顔だったんですね。その母の生を支えていた大きな要因は、まぎれもなく二歳のとき失った息子に裁かれたいということだったんですね……」。

死の瞬間をボクシングのノックアウトシーンにたとえて説明し、その瞬間に「汝自身を知れ」の哲理を悟るのだというのは、はなはだ説得的である。そして幼児とその母の湯灌を通して、死後の世界は間違いなくあると確言する。ここに至り、木下氏の文学による死の描写は見事に成功を収めている。

倉田百三が描いた死後の世界は、親鸞の言葉による死後描写であった。木下氏の場合は、死体と一体となって死後の旅仕度をする湯灌師の体験を通して、死体と魂の関わり、死後の世界の有無を語らせる。

その死の描写にはそれぞれ差異があるが、いずれも文学を通して死に問いかけ、死を考えている。私たちはその作品を読み通すことによって、死の世界とは何かを考えるきっかけをつかむ。

私は平成十年の秋、当時話題となっていた米国映画『シティ・オブ・エンジェル』を見た。これは広義にいえば、文学的に「死を問い、考える」作品である。それは、女医と天使の化身が演じる生と死のドラマであった。天使の化身には、皮膚感覚はなく血も出ない。その化身が、あるとき女医と結婚しようと、この世に生まれ変わる。二人はすばらしい充実したひとときを過ごす。しかしそれも束《つか》の間、女医が交通事故により天へと旅立ち、天使となってしまう。

女医が天使に変身する瞬間、前の天使の化身がこの世に生まれ変わる。その瞬間に、私たちはこの世とあの世の間に、確かなる往来、交信があることを見てとる。『シティ・オブ・エンジェル』は、この世とあの世が交信し、そこに「永遠なる命」があることを示した「生と死」のドラマであった。

私たちの「認識」ベクトルのもう一方は、哲学による死へのアプローチである。哲学は人間の論理的なものの考え方、認識の仕方を通して、人間とは何か、死とは何かを考える。

哲学から見た死

「死の哲学」を、森一郎氏の「哲学にとって死はどこまで問題か」[24]という論文に拠りながら考えてみることにしよう。森氏はその中で、死と哲学の関わりについて、近代におけるペシミズムの大家であるショーペンハウアーの次の言葉を引いている。

「死とは、哲学に生命を吹き込む本来の守護神（Genius）、ないしは哲学の庇護者（Musaget）であり、それゆえソクラテスは哲学を、タナトゥー・メレテー、つまり死の稽古、というふうにも定義したのである。それどころか、死というものがなかったら、およそ哲学をすることすら困難であったことだろう」。

ショーペンハウアーに従えば、「死あっての哲学」であり、死なくして哲学はなかったのである。

森氏は哲学と表裏一体の関係にある死を「ハイデガーのように、「可能性」としての死と、その「現実化」としての死とを区別して、前者を「存在論的―実存論的」な、つまりは哲学的な死の概念、後者を「生物学的―医学的」な、要するに実証科学的な死の概念」というふうに捉えながら、独自のアプローチをしている。

森氏は私たちの「生から見た死の意味づけ」を、次のように三つに分類して考察する。一つは、「死を生の対極に置き、その対照において死を考える場合」である。二つは、「死を生と切り離さず、両項を一体のものとして捉える見方」である。三つ目は、「何が生と死を超えたか」という場合である。

まず、死と生を対照的に捉える場合から紹介すると、それにはさらに三つのアプローチがあるという。

第一は、死を「敵対者」とみなす場合である。すなわち、生に絶対的な価値を置けば、その反対項の死は反価値となり、ここでは死は、生の侵犯者、破壊者である。したがってこの場合、私たちにとって死は憎むべきもの、許しがたいものとなる。

第二は、死を「救済者」とみなす場合である。第一とは逆に、生を忌むべきもの、厭《いと》わしきものとすれば、その生を一掃してくれるのは死であるから、死は解放者ないし救済者ということになる。生に苦しむ人にとって死はあこがれとなり、待ち望む対象となる。近代的自我が昂じて自殺願望に傾く場合とか、不治の病に悩まされている人が延命治療よりは死を望む場合がこれである。前にみた「安楽死」の願望もこの場合に属する。

第三は、死を「よそ者」と捉える見方である。忌むべき死を徹底的に生の反対側に押しやり、生の完全なるよそ者として放逐すれば、死は私たちにとってどうでもよい関係のないものになる。したがって、死を考えること自体、愚かなことになる。

次に、死と生とを一体的に捉える場合である。森氏はこれについても、三つの意味づけをしている。

第一は、死を「ペシミズム」の対象と捉える場合。これは、死を苦そのものとし、それが生につきまとって離れず、出口なき閉塞状況に悩む場合である。生きている限り死から逃れられないとするものであり、これは現代の私たちに最もポピュラーな「死生観」である。

第二は、これとは正反対に、死を「オプティミズム」の対象と捉える、つまり、生と死はあくまで一体である以上、死という限りがあるからこそ、生の充実もあると考える場合である。私たちが死ぬべき存在であることは、欠陥でもなく汚点でもないとオプティミスティックに考えることをいい、その代表者はハイデガーである。

ちなみに、ハイデガーは、「人間の死を、生きている者にとっての、生きている限りでの可能性」と捉え、その可能性について次の四つを挙げている。(25) 一つは、私たちの「自分の死は、生きている自分のひとごとではない可能性」(自分以外の人に自分の死は代わってもらえない可能性)。二つは、「死は係累《けいるい》のない可能性」(死ぬときは、ひとりで死んでいくということ)。三つは、「死は追い越すことのできない可能性」(自分の死を先まわりしてあの世から見定めることはできない)。四つは「自分の死は確実にやってくる可能性」。

死と生を一体的に捉える三つ目の見方は、死を「ヒロイズム」とする場合である。つまり、死によって生は初めて完成されると捉える場合である。

いよいよ、死生観の三つ目の大分類である「何が生と死を超えたか」という場合、森氏はこれを「彼岸主義」の哲学と捉え、次のように結論している。

「彼岸主義の原点は、生死を平然と超越して哲学に没頭したソクラテスの〝生き方=死に方〟のうちに求めることができるでしょう。(中略)哲学者にとって「生死を超える」ほど重要であるのは、じつは哲学それ自体である」。

森氏はこのように、「生死」を超えたのは哲学そのものであるとするが、その一方で、「『死を超えた何か』ということになれば、これはもう、「来世」や「天国」を諄々と説く「宗教」の独壇場であるかに見え」るとも指摘する。

「生死」を超えた「彼岸主義」は哲学そのものだと、哲学の中に自己完結させることも論理的には可能と考えられるが、「来世」や「天国」を説く宗教こそ、その彼岸主義の担い手であると考えることも可能である。私は、「生死」を超えた「彼岸主義」は「宗教」であるとする立場をとることにしたい。なぜならどんな宗教でも、私たち人間の生と死の苦しみを、絶対者としての神や仏への信仰によって、「来世」の彼岸で解放し、救ってくれるものだから。

第五章　キューブラー・ロスと葉っぱのフレディ

通過儀礼としての死

ここでは、「死生観の構造」の中の「恐怖ベクトル」について、心理的・文化人類学的に考えてみたい。

古来から、誰にとっても死は未知であり不安であるがゆえに、恐怖の対象であった。それゆえ「自分に限って死ぬことは絶対にありえない」と思い、かつ思いたいとしてきた。しかし、死はハイデガーが言うように、確実に私たち一人ひとりに訪れる。それを誰かに代わってもらうことはできない。しっかりと自分で引き受けなければならない。

現代は医療技術が高度に進歩し、現実の死が見えにくくなっている。現代は死を否定しようとしている時代であるとさえ言われる。見えにくくなったぶん、逆に死は恐ろしく見えるのかも知れない。

それでも死は、私たちの「死にたくない」という叫びをよそに、時がくればやって来る。いつまでも死を忌み嫌ってばかりはいられない。死を引き受けなければならぬ以上、私たちは死と向かい合い、それを受容する心をもたなければならない。まさに、「心理的な死」との取り組みである。人間の成長するところに、必ず死がある。私たちの死は、私たちの中にあらかじめ潜在しているということを自覚しなければならない。

別な言い方をすれば、私たち人間が誕生し、成長し、死を迎えるまでの、その場面場面は一種の「通過儀礼」＝イニシエーションである。死は誰しもが、一度は絶対に通らなければならないイニシエーションである。(26)

この一人ひとりの通過儀礼としての死を、部族的にあるいは種族的に考える方向が文化人類学的なアプローチである。私たちの死をめぐる「恐怖ベクトル」として、心理的アプローチと文化人類学的アプローチは、私たちにとって死が、人間として受容しなければならぬ終点という意味で、同じ範疇の検討の対象となるのである。

心理的・文化人類学的な死の受容とはどのようなものであろうか。それを、数多くの臨床を踏まえつつ解明したのが、精神科医キューブラー・ロスの名著『死ぬ瞬間』である。(27)

末期患者がその死に至るまで、どういうプロセスを経るかについて、キューブラー・ロスは図2のようにまとめた。

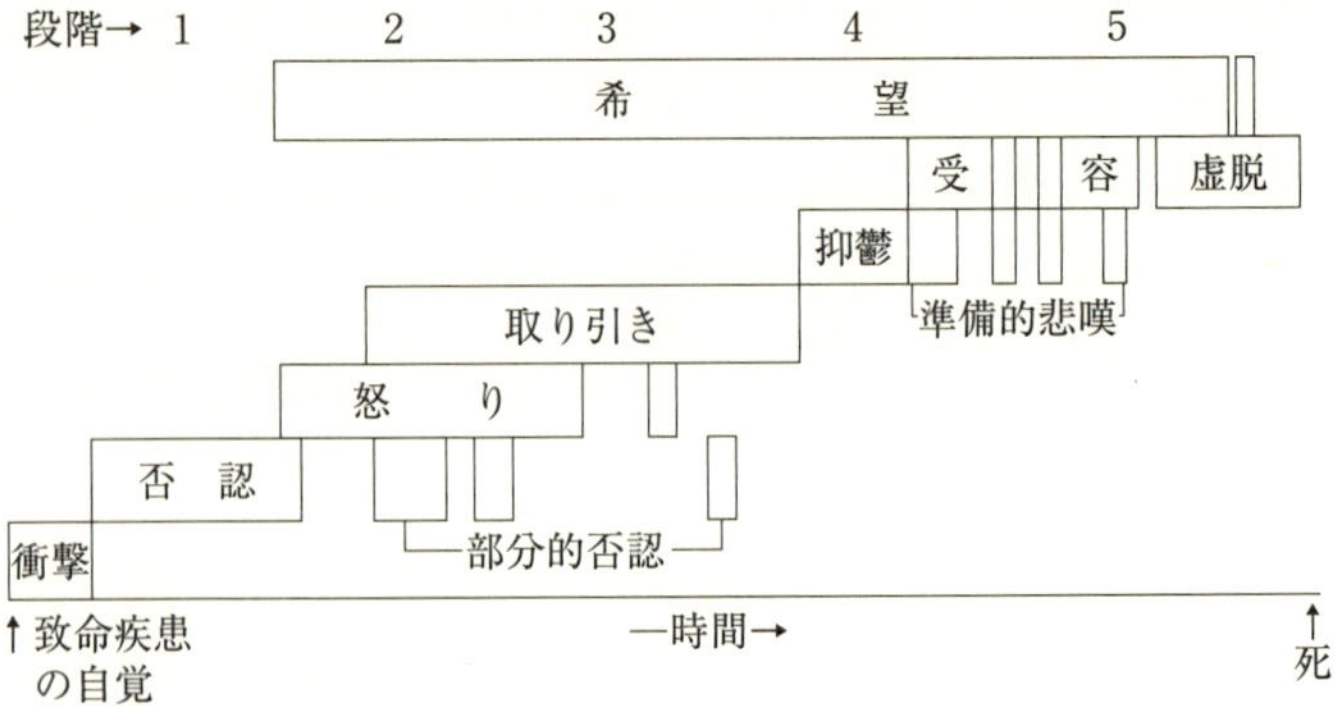

図2　キューブラー・ロスにみる死の過程の諸段階、その心理的プロセス

死の五段階説

キューブラー・ロスは患者が死に至るまでのプロセスを、「衝撃」↓「怒り」↓「取り引き」↓「抑鬱」↓「受容」の五段階と規定した。これは一般に「死の五段階」説と言われる。この五段階説を基本に「否認」と「虚脱」を加えて、七つの心理的プロセスを、次に簡単にシミュレートしてみよう。

ある日、体調を崩していた患者が検査入院した結果、ガンの診断が下される。このまったく予期していなかった診断に、患者は驚きと同時に「えっ！　私がガンだって」と強い「衝撃」を受ける。これが第一段階である。「衝撃」を受けながらも、これまで病気らしい病気をしたことのないこの患者は、その診断を「これは何かの間違いではないのか」と「否認」もする。

「衝撃」と「否認」の入り混じった複雑な心境の第一段階は、次に「どうして、この自分がガンにならなければいけないのか」と、おさえようのない「怒り」の爆発へと進む。これが第二段階である。自分自身に対して、「どうして自分がガンに」と激しい怒りをぶつけながらも、次に第三段階の「取り引き」へと心が移る。自分はガンであるが「手術をしなくても治る方法はあるのではないか」という、ガン克服の自分なりの具体的な対策である。家族や友人のさまざまなガン療法の情報をもとり入れて、懸命の「取り引き」を行なう。

しかしこの「取り引き」もむなしく、外科的処置の途すら閉ざされた末期ガンであることを主治医から告げられ、患者は次の第四段階の「抑鬱」へと向かう。「本当に残念だけど、私はどうすることもできない末期ガンなんだ」「やり残したことがたくさんあるのに……」と、気分は抑鬱の極となる。

家族や主治医、看護婦の力強い支援を受けながら、「抑鬱」の心も少しずつ整理されていき、いよいよ最後の第五段階目の「受容」を迎える。「人間はいつしか命絶える、誰しも間違いなく。これも私の運命だ。仕方がない寿命だと思ってあきらめるしか道はない」と、患者は自らの死を心理的に受容するに至る。

この死を心理的に受容した患者は、残された余生を、死の中に生を生きるように大事に送り、しかるべきのちに、肉体的な「虚脱」感を覚え、実際の死の旅立ちとなる。その「死ぬ瞬間」がどのようであるかは、既述した通りである。

キューブラー・ロスはこのように、基本的には私たちの死を五つの心理的プロセスとして捉えたが、この死の心理的受容を端的に表現したのが、近年話題を呼んだレオ・バスカーリヤの『葉っぱのフレディ——いのちの旅』という絵本である。

葉っぱのフレディの死生観

これを次に引用してみよう。

「一緒に生まれた　同じ木の　同じ枝の　どれも同じ葉っぱなのに　どうして［秋になると］ちがう色になるのか。フレディにはふしぎでした。

［兄貴分の］ダニエルが言いました。「生まれたときは同じ色でも　いる場所がちがえばなにひとつ同じ経験はないんだ。だから紅葉するときは　みんなちがう色に変わってしまうのさ。」」……

［秋になって］枝にしがみつく葉もあるし　あっさりはなれる葉っぱもあります。

［葉っぱのフレディは枝からはなれる運命を聞き］「（それは）死ぬ　ということでしょ？」

「ぼく　死ぬのがこわいよ」とフレディが言いました。［ダニエルが答える］「まだ経験したことがないことは　こわいと思うものだ。世界は変化しつづけているんだ。変化しないものは　ひとつもないんだよ。ぼくたちも変化しつづけているんだ。死ぬというのも、変わることの一つなのだよ。」

変化するって自然なことだと聞いて　フレディはすこし安心しました。

［ダニエルの葉が散り、次いでフレディの葉も散り、冬の日の雪の上に落ちてゆく］
地面におりたフレディは、たくましい木の全体の姿を見て、これならいつまでも生きつづける木にちがいないと思いました。……フレディは雪の上で目を閉じねむりに入りました。
フレディは知らなかったのですが――　冬が終わると春が来て　雪はとけ水になり　枯れ葉のフレディは　その水に混じり　土に溶け込んで　木を育てる力になるのです。
〝いのち〟は土や根や木の中の　目には見えないところで　新しい葉っぱを生み出そうと準備をしています。

大自然の設計図は　寸分の狂いもなく　〝いのち〟を変化させつづけているのです」。

葉っぱの変化に人間の「いのち」を重ね合わせたこの絵本が、中年以上の男性にも読まれているという。兄貴分のダニエルの「変化しないものは、ひとつもないんだよ」「死ぬというのも、変わることの一つなのだよ」という意味深長なひと言。このひと言に、「自分が生きてきたこと、働いてきたことの意味がわからなくなった」世の働きづめの男性諸氏が心の落ち着き場所を見出したのではないかと、『朝日新聞』の「天声人語」（平成十一年十一月三日付）は論じている。

先の末期ガン患者の「死の五段階」説は、それ以外の病死にもおおむね該当しよう。末期ガンではないが、進行性の大腸ガンと診断された医師でもある札幌市の桜井智康さんは、人間の「心理的な死」を、来院の患者にこう説いているという。

1	自律的な生き方（しっかりした人）
2	恒常性が高い（落ち着いた人）
3	覚悟ができる（がまん強い人）
4	自分を見つめる（冷静な人）
5	時間をつなぐ（過去を現在・未来に生かせる人）
6	人の死を受け容れる
7	与える人生
8	信仰を持っている

表12　死の受容能力の高い人

「死は必ずやって来ます。でも、あなただけでなく、死はみんなに平等に訪れます。私たちは寿命が尽きたら死ぬのです。だから、きょうを精いっぱい生きましょう。明るく希望を持って生きましょう」。（『北海道新聞』平成十二年十一月二十四日付「死と向き合う」）

私たちが自分の死をどう受容するかは、それこそ人生の一大事である。この死の受容能力について、長い間、終末期医療の啓蒙活動をされてきた医師でもある柏木哲夫氏は、表12のように序列的に捉えている[28]。

第八番に「信仰」があるが、これについて柏木氏が、かつてこう語っていたのを想い起こす。「死ねば一切『無』と思うとこわい。『死とはつらく悲しいこの世との別れだが、新しい世界の出発』と思える人は、まだ続きがあるのでそう恐怖はない」（『朝日新聞』平成五年三月二十五日付）。今後、私たちが信仰と死の受容を考えるとき、大いに参考となるメッセージであろう。

第六章　救済としての「あの世」

恐山信仰

「死生観の構造」の考察もいよいよ、最後の四つ目になった。民俗や宗教の分野からの死に対するアプローチである。ここには、今までの三つのアプローチには見られない独自の死生観がある。あの世での「救済」がそれである。

先に掲げた「死生観の構造」を改めて見ていただくと、「救済」ベクトルＰＣは頂点Ｃに向かうほど、信仰と来世観は強まっていくことに気づくであろう。このような「あの世で救われたい」と念じる心は、どこで芽生えるのだろうか。それは、身近な先祖供養（民俗信仰）や神道・キリスト教・仏教という「宗教」のなかに、私たちの大いなる期待として芽生え、育っていく。次に、それを紹介したい。

まず最初に、民間・民俗的な信仰として名高い東北地方の「恐山信仰」に見る死生観を、楠

春まいり

一、五穀豊穣	三五件
二、大漁祈願	一三件
三、家内安全	一二件
四、身体堅固	一件
五、虫封じ	一件
合計	六二件
一、祖先供養	一一件
二、死者供養	九件
合計	二〇件

夏まいり

一、五穀豊穣	一二件
二、大漁祈願	三件
三、家内安全	一一件
合計	二六件
一、湯治	一〇件
一、死者供養	五七件
二、先祖供養	三九件
三、死者に会うため	一二件
四、新仏供養	六件
五、イタコの口寄	一三件
六、歯骨おさめ	四件
合計	一三一件

秋まいり

一、お礼まいり	五件
二、五穀豊穣	三件
三、大漁祈願	三件
四、家内安全	二件
合計	一三件
一、先祖供養	三件
二、死者供養	二件
合計	五件
一、湯治	一件

正弘氏の調査に拠りながら紹介する。[29] 楠氏は「恐山信仰」の実態を知るために、右記のように、春・夏・秋の祭典に分類して、その参拝目的と死生観との関係を調査した。

「春まいり」では、一の五穀豊穣から五の虫封じに至る五つの参拝目的が圧倒的に多く、六二件を数える。これを楠氏は「生の儀礼」と規定する。そしてこの儀礼では、私たち「人間の欲求の無限充足が祈られている」と指摘する。いわば、この世での日常的な生活の平安を祈念するのである。この「春まいり」では、「死の儀礼」である「先祖供養・死者供養」は二〇件と少ない。

ところが、この「先祖・死者供養」は、「夏まいり」になると、「死者に会うため」「新仏供養」「イタコの口寄《くちよせ》」「歯骨おさめ」という新たな参拝目的が加わり、急増する。恐山の夏まいりは、「死の儀礼」一色に染まるのである。

この「死の儀礼」について、楠氏はこう解説する。

「死の儀礼において、死は与えられたものとして、現存している。ここでの死は、可能性としてあるのではなく、既成の事実としてあるのである。（中略）賽《さい》の河原の思想とともに、日本の歴史的社会の中で発展した死者・地蔵の信仰は、過去の救い、死の救いを意味してきた。これは、死を前提とした生の意識でもあろう。ここでは死の中に生があるともいえる」。

このように、恐山の「夏まいり」は、この世における生とあの世の死の交信がものの見事に展開される、霊の交流の場となる。

それが「秋まいり」になると、再び「生の儀礼」が参拝目的の首座を占め、日常の生活に戻る。

恐山信仰の「夏まいり」における民間的ないし民俗的な信仰のなかに、私たちは人間の生と死の交信、来世での救済の思いを確認できる。

神道における生と死

次の「救済」ベクトルは、神社を中心とする、神道における生と死の関わりである。これについて、医師でもあり春日大社の宮司でもある葉室頼昭氏は、その著『神道と日本人』の中で、次頁のような図解（図3）入りの説明をしている。[30]

「神さまのお心が波動となって宇宙の全てを造り、それが三十五億年前に生物の生命、すなわち生きる知恵となって、それを祖先が次々に伝えてくれたおかげで現在があるわけです。だから、我々が現在生かされているのは、神の恵みと祖先の恩によって生かされているということです。（中略）

つまり、我々の生命も、自分が生まれてから死ぬまでの、わずかな時間だけで考えるから、個体が死んだら終わりみたいに思っている人がいっぱいいます。けれど死んでなくなるという意味の死は存在しないんですね。大宇宙の大法則によって生かされている我々の生命もまた循環し、永遠に続いているのです。ということは、人間の生命は神から与えられた尊い命なので、夜見の国におられるご先祖さまと現世に生きる我々の命とは、循環でかたく結ばれ続いているということになります。（中略）

このように考えると、人間が死後の世界を見ることができないから存在しないというのは、非科学的な思い込みだともいえます。（中略）

だから個体が死んだら生命は終わりであると一方的に決めるのは間違いだと思います」。

このように、神道の死生観も、あの世とこの世の連続した生命観である。こうした現世と祖先のいる「夜見の国」（あの世）の表と裏の関係は、北方少数民族のアイヌの宇宙・来世観とも近似している。すなわち、アイヌの宇宙観は、アイヌ・モシリ（人間の世界）、カムイ・モシリ（神々の世界）、ポクナ・モシリ（下方の世界）の三つの世界から構成されている。また、来世・他界観にあっても、人は死後に必ず「神」になり、カムイ・モシリの住人となる。人はそこでも、この世と同じ生活をしており、違うのは「この世」と「あの世」が相互に裏返しの世界であるという一点だけである。(31)

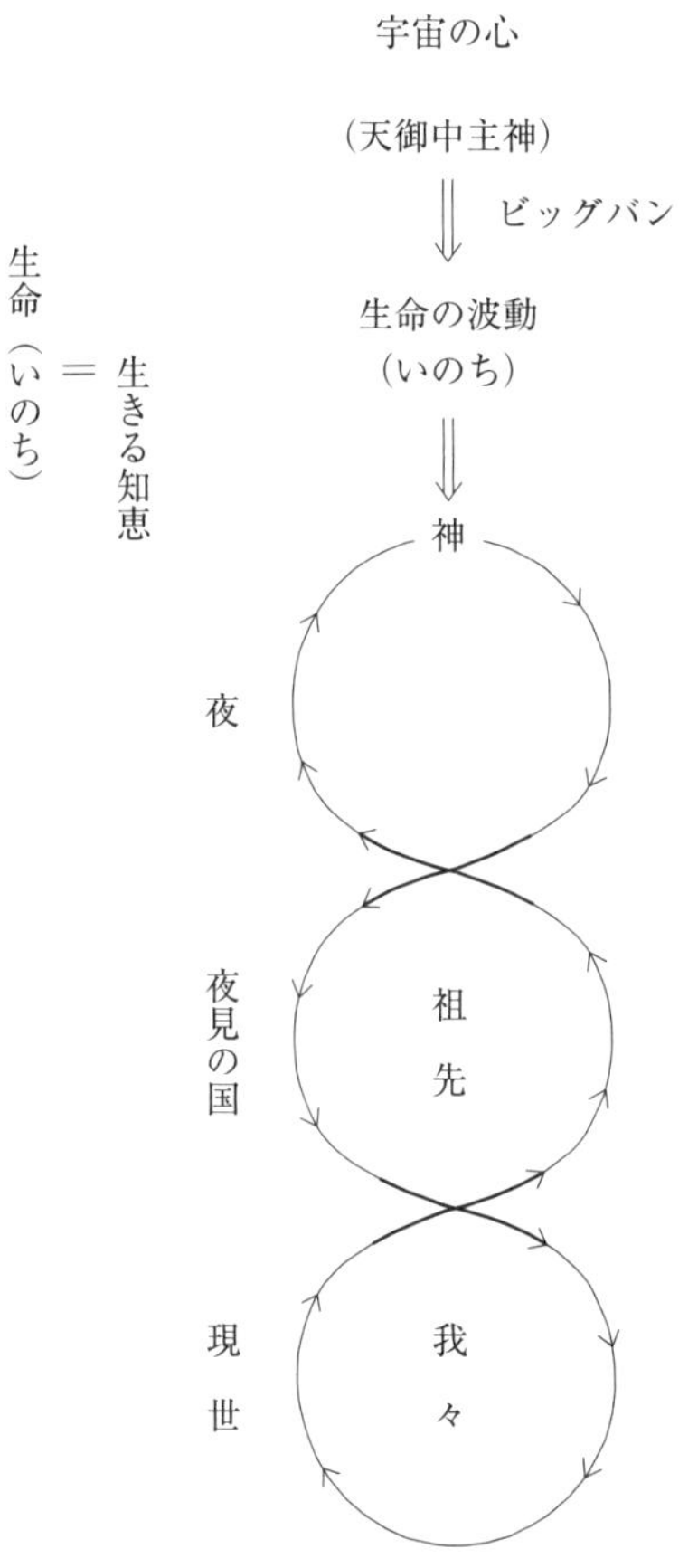

図3　神道の死生観

この世とあの世の連続性ないしあの世での救いを宗教的使命とするのは、神道だけではない。キリスト教もそうである。

キリスト教の場合

キリスト教の「お通夜」で執り行なわれる一連の儀式の中に、キリスト教の説く死生観がじつに象徴的に啓示されている。その核心部分を次に紹介する。

「〔朗読〕死に打ち勝って　復活された神の子キリストは神である父のそばで人々のためにとりなしてくださり、終わりの日、すべての人を復活させてくださいます。その時、すべては新たにされ、わたしたちも神のもとで、もはや別離の悲しみもなく永遠に生きるのです。

聖書の終わりに次のように記されています。

　ヨハネの黙示　第二十一章

　わたしは新しい天と地を見た。以前の天と地は過ぎ去った。

その時、わたしは玉座から大きな声で叫ぶのを聞いた。

「神の幕屋が人とともにある。神はかれらとともに住み、かれらはその民となる。また、神ご自身が、かれらとともにおられて、かれらの目の涙をすべてぬぐい去ってくださる。もう死ぬことはなく、悲しみ、叫び、苦しみもない」。

その時、玉座についておられるかたが仰せになった。

「わたしは　すべてを新しくする」」。

このように、「ヨハネの黙示」第二十一章において、主キリストのもとでの再生・復活が保証されたあと、「結びの祈り」で改めて、亡き人の全き復活がすべての信徒によって確信づけられる。

「［先唱］祈りましょう。

全能の神よ、この世からあなたのもとにお召しになった○○さんを心に留めてください。洗礼によってキリストの死に結ばれた者が、その復活にも結ばれることができますように。

あなたは死者を復活させる時、わたしたちのみじめな体を栄光の体にかえてくださいます。み旨《むね》に従って今、この世を去った○○さんをあなたの国に迎え入れてください。わたしたちもいつかその国で、いつまでもともにあなたの栄光にあずかり、喜びに満たされますように。

主キリストによって。

［会衆］アーメン」。

初期仏教の死生観

キリスト教と同じく仏教でも、生と死、来世と現世の関わりは重大問題であった。

そもそも、仏教とは「仏の教え」であり「仏陀によって説かれた宗教」である。別の表現をすれば仏教とは、仏陀釈尊を開祖として仰ぎ信奉する宗教である。仏とは「覚者」（さとった人）のことをいう。釈尊とは「釈迦牟尼世尊《しゃかむにせそん》」の略称であり、「釈迦牟尼」とは釈迦族出身の聖者のこと、「世尊」とは仏のことである。だから、釈迦牟尼仏ともいうのである。仏陀とはこのように「覚者」を意味するのであるから、仏教とは「仏陀となることを説く教え」ということもできる。

釈尊の教えの中心は、一般に輪廻《りんね》から解脱《げだつ》への道行きを明らかにすることであったといわれる。輪廻とは、車輪が回転してきわまりないように、一般の迷いある凡夫衆生《ぼんぶしゅじょう》（庶民）が過去・現在・未来の三界にわたり「六道《りくどう》」のなかに迷いの「生死」を重ねてとどまることがないことをいう。「六道」とは、すべての衆生が善悪の業報（むくい）によっておもむき住む六つの迷いの世界、すなわち、地獄・餓鬼・畜生・修羅・人間・天上道のことである。

ちなみに、この「六道」の考えは釈尊以後、次第に変化し、人間と天上道の二つは善業をなした者がその報いとして生まれる善道、他の四つは悪業を犯した者が報いとして生まれる悪道と考えられるようになった。

「解脱」とは、心が煩悩《ぼんのう》（悩み・苦しみ）の束縛から脱し解放され、法にかなった理想的な自由になれることをいう。したがって、釈尊が目指した「輪廻からの解脱」の道とはひと言で言えば、私たち人間が迷いの世界から解放されることである。そのすべての悩み、苦しみの「煩悩」が消えた状態を「涅槃《ねはん》」という。

釈尊が「輪廻から解脱」への道を自らどのように実践し説いたかを、早島鏡正氏の『初期仏教における生死観』に拠りながら紹介してみよう(32)。

釈尊は「輪廻」について、こう表現したという。

「前を捨てよ、後を捨てよ、中間を捨てよ。しからば、生存の彼岸に達し、すべてにわたって心解脱して、もはや再び生まれと老いを受けることがないであろう」。

また別のところでは、より具体的に、

「愛執を友とする人は、この状態からかの状態へと、永い期間、輪廻して、輪廻を超えることがない」。

「生存にたいする愛執を断ち、心の静まった修行者は、生死・輪廻を超えている。かれに再生はない」。

釈尊は、このように「生老死」の生存をくり返す姿を「輪廻」と表現し、それからの自由を説いた。

釈尊にとって、愛執は情的煩悩の最たるもの、無明は知的煩悩の最たるものであった。

「この無明とは、実に大いなる迷妄である。それによってこの永い輪廻が始まっているのである。しかしながら、明知に達した者たちは、再生を受けることがない」。

また、釈尊は「輪廻する人は自己の業によって輪廻する」とも説く。

「世間は業（行為）によって存在し、人びとは業によって存在する。生けるものたちは業に縛《しば》られ、あたかも車がくさびに結ばれているようなものである」。

このように、釈尊はすべての人間が「業の相続者」であることを、「輪廻」を通して説き示したのである。

人間の生まれと行為については、こうも説いた。

「生まれを問うな、行ないを問え。火は実にあらゆる薪から生ずる。賤しい家に生まれた人でも、聖者として心を堅固に保ち、慚愧の心で慎しむならば高貴の人となる」。

また一方、釈尊は弟子たちに、

「汝らは、わたし自身の子であり、わたしの口より生まれ、法より生じ、法の化生者であり、法の相続者にして、財の相続者ではない」

と教え、「解脱のわれ」を自覚させた。「輪廻のわれ」を自覚させたのが「業の相続者」という教えであるのに対し、「解脱のわれ」を自覚させたのが「法の相続者」の教えである。

「輪廻からの解脱」をこのように説いた釈尊は、死の恐怖におののく現世のありさまを注視し、次のように説いた。

「このように、世間の人びとは死と老いに悩まされている。それ故に、賢者は世間のすがたを知って、悲しむことがない」。

「つとめ励むのは不死の道である。なまけ怠るのは死の道である。つとめ励む人びとは死ぬことがない。なまけ怠る人びとは死者のごとくである」。

釈尊は修行と実践を通して、「不死の体得」をすすめ、そこに「輪廻」からの超越を説いた。

釈尊は自らの死をこう示した。

「わたしは死を喜ばず、生を喜ばず、あたかも雇人が賃金を待つように、わたしは時の至るのを待つ」。

釈尊は自ら、輪廻を超え再生しないことを、修行・実践を通して弟子たちに教えた。弟子たちは自らの「さとり」を、

「生まれは尽きた。清らかな修行は完成した。なすべきことはなしおえた。再びここ（輪廻）の状態をうけない」

と表明したという。

釈尊とその直弟子たちの時代の「初期仏教」では、輪廻を超えること、自ら再生しないことが教えの中心命題であった。したがって、仏教以外の宗教から仏教に入門したばかりの哲学青年、マールンクヤプッタ（鬘童子）が経験不可能な、

(a)世界は時間的に有限か無限か
(b)世界は空間的に有限か無限か
(c)霊魂と肉体は同一か別異か
(d)如来（生死を超えた人）は死後に存在するかしないか

という問い（本体論という）を発したのに対して、釈尊は毒箭《どくや》の喩えをもってこう教えたのである。

「毒箭に射られた人が射た者の人物、家柄、姓名、弓や矢の種類、性質など一切が判明しない間は毒箭を抜き取って治療を受けないとすれば、毒を消さずに放っておくことになり、その射られた人はやがて死ぬであろう」。

釈尊は、煩悩から解脱するための修行をしないで解決不可能の「本体論」に固執している青年も、この喩えのようにやがて死んで輪廻の苦を受けるだろうと教えたという(33)。

「初期仏教」ではあの世を説かず、自己の解脱を修行の中心にすえていた。その仏教があの世を説き、あの世での私たち人間の救済を説くようになるのは、それが日本に受容された、まさに「日本的な仏教」においてである。もっと正確に言えば、それは鎌倉新仏教の革新運動において達成されたのであり、それ以前の古代仏教では、現世における「死の超越」こそが主たる宗教課題であった。

最澄と空海

そのことを、平安仏教の両雄たる天台宗の最澄と真言宗の空海に検証してみよう。

伝教大師・最澄（七六六〜八二二）はその著『守護国界章』の中で、自らの死生観をこう説いている。

「若《も》し涅槃即生死《ねはんそくしょうじ》を知ればこれ無作の苦諦と為し、若し菩提即煩悩《ぼだいそくぼんのう》を知ればこれ無作の集諦と為し、若し生死即涅槃を知ればこれ無作の滅諦と為し、若し煩悩即菩提を知ればこれ無作の道諦と為すなり。ただ生死に非ず、涅槃に非ず、菩提に非ず、煩悩に非ざるを以て、これ一実諦なり」。

最澄は生死とそれからの解脱の道を、このように説いた。要するに、涅槃と生死、煩悩と菩提はともにつかず離れず一体のもの、すなわち「相即不二」の関係にあることを説いたのである。この教えは、じつは中国の天台大師智顗《ちぎ》がすでに説いていたものであり、最澄はこの伝統的な教義をそのまま継承・踏襲していたことになる。平安仏教の死生観が、釈尊以来の「死の超越」を説く初期仏教を忠実に伝持しているといわれる所以である。

この天台宗の「悟りの構造」ともいえる伝統教学は、「無作四諦」と呼ばれ、図示すれば次のようになる。

無作四諦		
苦諦	涅槃即生死（果）	世間（迷）
集諦	菩提即煩悩（因）	世間（迷）
道諦	煩悩即菩提（因）	出世間（悟）
滅諦	生死即涅槃（果）	出世間（悟）

苦諦は自覚なき苦悩の現実世界であり、集諦はその原因を意味する。滅諦は自覚ある理想世界であり、道諦はその原因を表現する。迷い（世間）と悟り（出世間）は一体の関係の「迷悟不二」、結果としての現実とその原因も一体の「因果不二」の関係にある。涅槃と一体相即の

関係にある生死は、「迷いと悟り」の構造でいえば、あくまでも迷いの世間の果として認識されていたのである。

一方の空海（七七四〜八三五）は、自らの死生観を「念持真言理観啓白文」として次のように表明している。

「動なるを生死と名づけ、静なるを涅槃と名づく。迷へるものを衆生と名づけ、悟れるものを諸仏と名づく。願くは我れこの幻化の身業をもって、願くは我れこの幻化の真言を誦し、願くは我れこの幻化の有情を化し、願くは我れこの幻化の菩提を証せん」。

この死生観は別言すれば「即身成仏」論そのものである。空海の即身成仏論は、金岡秀友氏によれば、大別して三種よりなると言われる。すなわち、理具成仏・加持成仏・顕得成仏の三つを言い、

「理具成仏とは、理として、われわれには仏たる資質が具足している、ということを示す。加持成仏とは、その理念としての成仏を現実のものとするための、実践の過程を示す。三密の加持力による即身成仏を示す。

顕得成仏とは、結果としての即身成仏をいう。自己のうちに体現せられた即身成仏の境地をいう。本来の理具が、三密加持の力、縁によって、仏果の万徳として完全に発現され、自己が正しく仏となった境地をいう。父母所生の身、速かに大覚の位を証す、とはこの境地を指す(34)」。

空海はこの三種からなる即身成仏を自ら実践して入定《にゅうじょう》した。天長八年（八三一）、空海は病気を理由に大僧都を辞し、病を養うこと五年にして、承和二年（八三五）三月二十一日、ついに素願を果たして永遠の入定を得た。死に至る二年五カ月、空海は身の不浄を厭い、断穀の行《ぎょう》を行なったという。入定の二カ月前からは水さえもとらなかったという。まさに本来の生死不二の「顕得成仏」を実践・断行したのである。

「死生観の構造」にもとづく、私たちの「生命」「恐怖」「認識」「救済」という四つのベクトルに象徴される死生観の概括的な紹介および考察は、以上のようである。次に現代人の「来世観」と「死のイメージ」について考えてみたい。

第七章　現代人の死のイメージと来世観

死のイメージ

現代人は、自分の死をどのようにイメージしているのだろうか。またあの世についてどう考えているのだろうか。私は勤務先の学生を対象にして、平成十二年十二月に、前者は「人間の死と自分の死」というレポートにより、後者はアンケートにより調査してみた。

表13は男性一〇九人のレポートからキーワードを抽出したものである。前にみた哲学的な死のアプローチにしたがって、これを整理してみよう。多様な死のイメージを羅列すると三五種類となる。その中で三六人と全体の約三割を占める死の第一のイメージは、「怖い・恐怖」であるが、自分の死は遠い存在であり、「今を精一杯生き」て自分の人生に満足できれば死を受け入れられるというものである。これは死と生を対照的に捉える三つのタイプのうちの、死は生の侵犯者であり憎むべき「敵対者」であるという捉え方と、生の対極にある死は今を生き抜

表13　現代人の死のイメージ（男性109人）

①怖い・恐怖／残酷→死に方を自分で選べない／自分の死は遠い、他人の死は身近にある／今を精一杯生きる→自分の人生に満足できれば死を受け入れてもよい（36人）

②悲しいもの、苦しいもの（14人）

③想像できない（9人）

④自分の死は、恐怖、死にたくない／他人の死は悲しいもの（8人）

⑤死を考えずに、今の生を考える（4人）

⑥恐怖、不安→未知／人生のさまざまな経験や学習からの卒業（3人）

⑦怖い→自分の存在が消えてしまう／自分の死よりも他人の死のほうが怖い→残された者が悲しむ（3人）

⑧一瞬だけ気を失うようなちっぽけなもの／進んで死にたくはない（3人）

⑨直視されないもの、逃避（3人）

⑩忌み嫌うもの／死を考えずに、今の生を考える（2人）

⑪人間の死はよくわからない／自分は死にたくない→他の人を悲しませたくない（2人）

⑫死を考えずに、今の生を考える／自分の死は考えても価値がない（2人）

⑬人間の死は自分にとって何かの始まり／自分の死はその場の終わり（1人）

⑭人間の死は存在が消えることではない→心の内に存在する／自分の死は遠い存在（1人）

⑮死は簡単、生は難しい／恐怖→死に伴う痛み（1人）

⑯恐ろしい→死後がわからない／人間の死は、肉体的・精神的な解放／

自分の死は、最大の楽を手にすること（１人）

⑰思考が停止したら死（１人）

⑱運命（１人）

⑲人がものになること（１人）

⑳マイナスのイメージ、別れ、悲しみ／自然なことであり恐怖はない（１人）

㉑乗り越えなければならないもの（１人）

㉒人間の死は、自分にとって漠然とした周りのできごと／自分の死はいつでも受け入れる（１人）

㉓恐怖／生命にとって必要なもの→生を輝かせるためのもの（１人）

㉔人間の死＝脳死／自分の死＝心停止（１人）

㉕単なる通過点→魂は永遠に生き続ける（１人）

㉖死は生きているうちは考えない、死んでから他人が考えるもの（１人）

㉗苦しみ／自分の死は、自分の意志で決定する／安楽死は賛成（１人）

㉘脳死は人の死、また、するべき（１人）

㉙死ぬことは怖くない→生まれかわることができる（１人）

㉚かっこよく死にたい→人生を有意義なものにしたい（１人）

㉛最近、軽視されている／今を精一杯生きる→自分の人生に満足できれば死を受け入れてもよい（１人）

㉜尊いもの、重大なこと／現代は、死を恐れるのではなく、死を恐れない生が一般論（１人）

㉝実感がわかない、わからない／人間の死は人間関係を断たれてしまうという意味／自分の死は来世への準備（１人）

㉞安楽死には賛成／一般的な死は心臓死／自分の死は脳死（１人）

㉟あっけない、はかない（１人）

表14　現代人の死のイメージ（女性114人）

①怖い／人間にとって平等なもの／今を精一杯生きる→自分の人生に満足できれば死を受け入れてもよい（24人）

②恐怖／考えるのを避けている／自分にとって、死はまだ遠いもの（22人）

③恐怖／受け入れたくない（17人）

④悲しい／選択可能なもの（３人）

⑤受け入れなければならないもの（３人）

⑥悲しい、さびしい／重要なもの（２人）

⑦死を考えるより生を考える（２人）

⑧人間の死は心臓死、自分の死は脳死／死に決定権はあってもいい（２人）

⑨身近な人の死ほど重大／自分の死が一番遠い存在（２人）

⑩自分の死は自分で決める→安楽死、尊厳死に賛成（２人）

⑪尊いもの／恐怖（２人）

⑫他人の死には実感が薄い／自分の死は怖い（２人）

⑬人間の死は感情を抜きにした定義のようなもの／自分の死は精神的にも影響するが、遠い存在（２人）

⑭人間の死は感情を覚えることができなくなったとき／自分の死は恐怖（１人）

⑮死を考えず、今を充実させるべき／人間の死は自分にとっての過程→学ぶべきものがある／のりこえなければならないもの（１人）

⑯死は重いもの→人の命、人を取り巻く環境が変わってきている（１人）

⑰死は必然であるが、自分や家族の死となると受け入れたくない（１人）

⑱身近なようで身近でない／死が来たら来たで受け入れる（１人）

⑲人間の死は、この世へ戻ってくるための準備期間／不安／今を精一杯生きる→自分の人生に満足できれば死を受け入れてもよい（１人）

⑳ある程度受け止められる（１人）

㉑人間の死は、地球の人口を抑制するという重要な役割を果たしている／自分の死は、死んだ後の体を、人のために使ってほしい（１人）

㉒死は、自分だけのものでもなく、他人だけのものでもない（１人）

㉓恐怖→自分の存在がなくなる（１人）

㉔死は新しい生に結びついている→輪廻する（１人）

㉕人間の死は生きたあかし／自分の死は重いもの、深いもの（１人）

㉖恐怖→死後は肉体しか残らない（１人）

㉗苦しまずに死にたい（１人）

㉘仲間・家族の死は考えるだけでつらい／自分の死は怖い→死後がわからない／まだ受け入れられない（１人）

㉙自分の死は看取ってほしいが、愛する人の死は看取りたくない／悲しい、寂しい（１人）

㉚恐怖／未知の世界の到来に対する喜び（１人）

㉛苦（１人）

㉜老衰で死を迎えたい（１人）

㉝あっけないもの（１人）

㉞怖い→大切なものを失う（１人）

㉟非常に大切なこと／わくわく→来世へのスタート（１人）

㊱他人の死は他人事／自分または親しい人の死は怖い→自分の人生の一部だから（１人）

㊲重要なこと→死がないと地球の人口が増え過ぎてしまう／身近な死は

嫌なもの（１人）

㊳苦しまずに死にたい／しかたのないもの（１人）

㊴人間の死は必要なこと→人間は死から学びとり成長していく／自分の死については、死ぬことは怖いが、死は怖くない→自分の存在を認めてくれる人がいる（１人）

㊵死とは人々から忘れ去られた状態である（１人）

㊶人間の死は、宗教的なものから医学的なものへと変化した（１人）

㊷死後、自分の死を悲しみ、そして自分の存在を忘れないでほしい（１人）

㊸それまでの個人の生き方、価値観すべてのことが影響する（１人）

表15　来世観について（男性100人、女性107人）

	理　由	男	女
あの世はある	1　死の恐怖心の和らぎがあってほしい	19	29
	2　魂はいつまでも生き続けるから	6	4
	3　死んで無になるのがイヤだから	4	3
	4　この世があればあの世もあると思うから	4	8
	5　幼少のころからあると思っていたから	3	0
	6　先祖に守られていると実感するから	3	4
	7　キリスト教信者だから	1	0
	8　因縁を信じるから	1	0
	9　知人の話やテレビ・雑誌から	1	4
	10　幽霊を見たことがあるから	0	2
	11　輪廻転生を信じるから	0	2
	12　心霊写真にうつるから	0	2
	13　臨死体験の話から	0	1
	14　あの世がないと断言できないから	0	1
		42	60
あの世はない	1　死んだら生命活動は停止し、すべて無になる	11	8
	2　死んだら何も考えることがないから	10	2
	3　あの世は想像の産物	6	2
	4　霊は残ってもあの世はないと思う	3	3
	5　この体を持つのは自分しかいないから	3	0
	6　生まれかわるから	2	1
	7　死んだ人が多すぎてあの世がパンクする	2	0
	8　この世を中心に生きないと一生が無駄になる	0	3
	9　死んだら土に還るから	0	2
	10　実際に体験してないから	0	2
	11　あの世に行かず消えたいから	0	1
		37	24
どちらでもない	1　考えるのは難しい	8	15
	2　わからないがあってほしい	7	3
	3　死んだことがないのでわからない	5	3
	4　どっちでもいい	1	2
		21	23

く者にとっては「よそ者」以外のなにものでもないという、二つのタイプの混合であるといえる。

次いで二番目に多いのは、死は「悲しいもの」「苦しいもの」とするもので、一四人である。これは生と死を一体的に捉えるアプローチの中の、死は苦の最高とする「臨死のペシミズム」に当たるものである。

男性の死のイメージと女性のそれは、比較するとどうだろうか。表14は女性一一四人の死に対するイメージの一覧である。男性に比べバラエティがあり、四三種のイメージが描かれているのがまず目立つ。しかし内容は、「怖い」「今を精一杯生きる」という「敵対者としての死」のイメージと「よそ者としての死」が二四人と圧倒的に多い。この点は男性とまったく同じである。ただ全体に占める割合が約二割と、男性に比べ若干、低率である。二番目に多いのも男性と同じく、死は恐怖であり、今は考えたくない。つまり、死は自分にとっては遠い存在であり、タイプとしては「臨死のペシミズム」に当たる死のイメージである。

男性の場合、③の「想像できない」以外の㉟に至るまでの死のイメージは、微妙に表現はちがうものの、死に対する恐怖はほぼ共通してその背景にある。その中にあって、⑥「人生のさまざまな経験や学習からの卒業」、⑯「自分の死は、最大の楽を手にすること」、⑳死は「自然なことであり恐怖はない」、㉓死は「生を輝かせるためのもの」、㉕死は「単なる通過点」、㉝「自分の死は来世への準備」などは特異なイメージに属する。⑥⑳㉓などは、生と死を一体的に捉え、限りある「死」があってこそ「生」が輝くという「臨死のオプティミズム」に属するものである。⑯と㉝は生と死を対照的に捉えながらも、死は、厭わしい生からの解放であるという「救済としての死」のタイプに属する。

こうしてみれば、男性の場合、少数ではあるが「臨死のオプティミズム」と「救済としての死」という二つのタイプも存在していることになる。

この点、女性の場合はどうであろうか。前述のように、①と②は「敵対者としての死」、と「よそ者としての死」、および「臨死のペシミズム」のイメージである。が、③死を「受け入れたくない」とする一七人の声も、「敵対者としての死」の範疇に入れることも可能である。その意味で①②③の合計が六三人を数え、一一四人の過半を越えることになる。いかに右の三つのタイプが、現代人の基本的な死のイメージかがわかろう。

ちなみに、④から㊸までのイメージのうち三つの基本型に組み込めるのは、④・⑥・⑦・⑨・⑪・⑫・⑬・⑭・⑲・㉓・㉖・㉘・㉙・㉛・㉞・㊱・㊲の二五人である。そうすると、一一四人中、八八人が三つの死のタイプに属することになる。

それでは、残りの死のイメージはどうであろうか。「受け入れなければならないもの」⑤、「死に決定権はあってもいい」⑧、死は「のりこえなければならないもの」⑮、「死は重い」⑯、「死は必然」⑰、「死が来たら来たで受け入れる」⑱、「ある程度受け止められる」⑳、「人間の死は人口の抑制上、重要」㉑、「死は自分だけのものではない」㉒、「死は新しい生に結びついている」㉔、「人間の死は生きたあかし」㉕、「苦しまずに死にたい」㉗、「未知の世界の到来に対する喜び」㉚、「老衰で死を迎えたい」㉜、死は「来世へのスタート」㉟、死は「しかたないもの」㊳、「人間は死から学びとり成長していく」㊴、「死とは人々から忘れ去られた状態」㊵、「死後、自分の存在を忘れないでほしい」㊷、死には「生き方、価値観」が凝縮される㊸

このように、じつに多彩である。しかし、この二〇種に及ぶイメージも、男性と同じく、死は忌むべき生からの解放とする「救済としての死」ないし、死という限りがあってこそ「生」（いのち）が輝くとする「臨死のオプティミズム」に組み込めるものである。

こうしてみると、現代の青年層の死に対するイメージは、死に対する恐怖をベースにしながら、基本的には、「敵対者としての死」「よそ者としての死」、そして「臨死のペシミズム」の三つのタイプが過半を占めていること、また少数ではあるが、その他の者は「臨死のオプティミズム」と「救済としての死」というイメージも抱いていることが指摘できるように思う。

現代人の来世観

一方、現代人はあの世に対して、どう考えているかを、「あの世はあるか、ないか」それとも「どちらでもない」という単純化した形で、その理由も含めてアンケートしたのが表15である。

男性一〇〇人と女性一〇七人の、都合二〇七人の結果は、約半数の一〇二人が「あの世はある」と答えている。その理由は前の死の恐怖のイメージと裏表するように、「死の恐怖心の和《やわ》らぎがあってほしい」という点に求められている。「魂はいつまでも生き続けるから」と信じているのが一〇人もいたのも注目される。

その一方で、六一人が「死んだらすべて無になり、死んだら何も考えることがないから」等の理由で、「あの世はない」と断じている。残りの四四人が「考えるのは難しい」として、「どちらでもない」と答えている。その中で、「わからないがあってほしい」と条件つきの願望の声が一〇人おり、これを「あの世はある」の肯定派に入れれば、来世を期待をする数は二〇七人の中の一一二人に及び、過半数を越すことになる。

この調査した人の過半数が来世の存在を信じている事実は、現代社会の心の不安をある面では映し出しているようで、注目される。

第Ⅲ部　中世新仏教の死生観

第一章　なぜ中世か

いま、なぜ中世か

現代の私たちは、一九九七年の「臓器移植法」の制定に伴って、「脳死」という未曾有の新しい死の基準を、一個の人間としてどう捉えるべきかを求められている。

この重大局面に、現代の宗教界はどう対応しているのだろうか。たとえば、西欧のキリスト教世界の場合、フォイエルバッハやニーチェの「神は死んだ」の言葉に象徴されるごとく、十九世紀から「無信仰の信仰」に入り、人間の内面世界は混迷の時代に突入している。

このことは、日本の宗教界とて変わらない。近世における葬式仏教化、近代における全宗教の天皇教化によって、普遍宗教としての仏教もまた圧殺されてしまった。日本宗教、とりわけ既成仏教は「無信仰の信仰」の時代に入って久しい。

そもそも、釈尊の時代に「死の超越」の宗教として創唱された仏教が、このように「無信仰の信仰」と化したのは、近世から近代にかけての政治との絡みによるものであり、その点、すぐれて歴史的な所産と言わなければならない。したがって現代の私たちが生と死あるいは来世観を含めた総体としてのあるべき仏教の姿を学ぶとすれば、それは「無信仰の信仰」以前の古代・中世の仏教をおいて他にないことになる。

結論を先取りして言えば、「生と死」あるいは「あの世とこの世」の関わり、来世観が、思想の問題として真正面から取り上げられたのは、十世紀の源信の『往生要集』においてであった。

たしかに、『記紀』にみられるように、神話時代には、死によって肉体から遊離した霊魂が再び肉体に戻ってくることを期待して、ある期間、死体を葬らないで安置しておくという「殯《もがり》」の習慣があった。また死んでから行くとされた「黄泉国《よみのくに》」が、この世とまったく断絶した国ではなく、ある程度の往来が可能であるとも考えられていたことは、『記紀』の随所に散見する。神話時代には死者は太占《ふとまに》により、「黄泉帰《よみがえ》」る＝生き返るという死生観・来世観が支配的であった。しかし、六世紀の仏教受容をうけた律令国家においては、「体制宗教」としての仏教を鎮護国家の具として位置づけたため、仏教そのものは学問仏教の域を脱しえず、生と死あるいは来世観に対して十分な思索をめぐらすことはなかった。

そうした壁を『往生要集』が初めて打ち破り、生と死のありよう、来世の姿を問いかけたのである。そして、この問いかけに思想として応え、真に仏教の日本化を達成したのが、鎌倉仏教の宗祖たちであった。私たちが中世における鎌倉仏教の思想的営みを、「日本思想の原像」と称する所以である。

『往生要集』以前の、現実肯定を前提にした神話時代の来世観は、じつは現世的価値を歴史の前面に押し出した近世に、再び顔を出した。国学の大成者、本居宣長（一七三〇〜一八〇一）の次の文言は、それを見事に物語っている。

「死すれば、妻子眷属朋友家財万事をもふりすて、馴れたる此世を永く別れ去て、ふたゝび還来ることあたはず、かならずかの穢き予美国に往ことなれば、世の中に、死ぬるほどかなしき事はなきものなる」。（『古事記伝』）

現世にあくまでも執着して、死の到来をただ怖れおののく近世人の心情を、この『古事記伝』の一節は代弁している。

こうしてみれば、『往生要集』から中世までの時代こそ、「無信仰の信仰」ではない「信仰の信仰」として、私たちが「生と死」「来世観」を学べる時代ということになる。

こうした見方をするのは私ばかりではない。次にその例をあげる。

中世に何を学ぶか

一つは、『中央公論』が〈「宗教の世紀」の幕開き〉と題して企画した、大村英照氏を司会者とする大谷光真氏、中川秀恭氏、養老孟司氏の座談会である。そこには、現代人が中世に学ぶ

べき警告がいくつも指摘されている。(35)

養老　(前略)一番言いたいことの一つは、お坊さんに日本の社会、世間というものを客観的に表現する姿勢を持って欲しいということです。それでないと日本というのは「世間」で固まってしまう。それに対して、仏教はある客観的な立場というものを教えることができた職業だったというか、それが大事な役割だった。それがどうも江戸時代以降死んだような気がするんです。

大谷　死んだとは少し厳しいですが、俗世間のことを批判する力を次第に失っていったというようには言えます。とくに明治以降の近代主義や軍国主義、そして今日では市場の自由競争、生命や人体の商品化など、中にいると見えにくい問題を指摘する責任があると思います。

養老　鎌倉仏教はまさにそういう意味で非常に生きていた。(後略)

これは「世間を出るということ」をめぐってのやりとりである。次いで、「都市型宗教の役割とは」として、臓器移植と宗教との関わりがこう語られている。

養老　(大村)先生のおっしゃる「出世間」、もっと言えば、反世俗性という役割を、かえって都市型の宗教が果たすべきなんじゃないかと思いますが、いかがでしょうか。

大谷　日本の社会は、本音のところをごまかし、厳しい現実を言葉にしないできました。私はそういうことをきちんと議論することが宗教の役割のひとつであると思っています。如実知見、我欲のめがねをはずして、ありのままに見ることです。

養老　それはそうかもしれませんね。脳死とか。

大谷　脳死も重要な部分の議論を避けています。人体が商品につながるおそれがある。現に開発途上の貧困な国々には「臓器市場」と呼ばれる現実すらあるんじゃないですか。

中川　遺伝子操作や、中絶の問題などもそうです。

養老　それらを言おうとすると、現実が全部出てきてしまいますから、言わないことにしておくのでしょうね。

大谷　臓器移植も似たりよったり。ヒューマニズムとたたえておいて、実はエゴイズムを促進すらしている。人間は誰でも死ぬ、少々延ばしても死ぬんだということは言わない。もちろん、それは仏教が言うべきことだとは思いますけれどもね。

養老　医者には十戒まであるんですが、「あらゆる患者はすべて死ぬ」という隠れた十一戒というのがあります。（中略）

世間も、お医者さんは寿命を延ばしてくれる、お坊さんが引導を渡してくれる、と考えているはずです。

大村　ですから先ほどの大谷さまのご発言は重いんじゃないですか。そのお坊さんが、もっとはっきりものを言うべきだとおっしゃっているのですから。

大谷　臓器を摘出する前に、簡素でも仮りの葬儀をして、家族はじめ、社会的な死としてのけじめをつけられるよう配慮していただきたい。

もう一つは、松原秀一氏、養老孟司氏、荻野アンナ氏の座談集『死の発見』（岩波書店）である。[36] その中で、〈「切断」する日本文化〉をめぐり、養老氏はこう語っている。

養老　（前略）日本の文化に、いかにそうした発想（「切断するということ」筆者註）が徹底しているか。告別式を例にとりましょう。会葬は生前の交わりに基づいての訪問ですが、その帰りに塩をくれる。死という切断面から向こうへ行ったら、アッという間に汚れたものに変わる。ですから塩をまかなければならない。（中略）

日本のお墓も、明らかに彼岸だと私は思います。なぜ彼岸か。日本の墓碑には、必ず名前のあとに「の墓」と書かなければいけない。なぜ「の墓」とわざわざ書くのか。西洋では「墓」なんて書かない。名前があって、生まれた年、死んだ年が書いてある。日本では死者の世界は向こう岸――つまり切断された彼岸――ですから、「の墓」と書く。それだけ抽象化されているわけです。

こういう死と死者に向かう考え方は近世になって完成したと思います。つまり、それ以前からなかったわけではないけれども、中世はむしろ連続的な死亡観をとっています。たとえば九相詩絵巻に典型的に出てくる。人は死ぬまでに九つの姿を経るということをいちいち丁寧に絵に描くくらいだから、やはり死がある種の連続的な過程であるということを仏教は認めていた。しかし江戸になりますと、その過程をむしろはっきり切る形の文化が成立してきます。

この養老氏の発言は、中世人の死生観の特性に触れたものである。そしてこの話の延長として「身体のリアリティ」をめぐり、養老氏と松原氏はこう説く。

養老　（前略）ヨーロッパの場合は、たしかにある意味で身体実在論です。日本の場合には、その傾向を消していった。ぼくは身体が徹底的に実在した時代が、日本にあったと思います。それは鎌倉時代です。運慶・湛慶の彫刻を見れば歴然とわかることで、あのような彫刻はその後あらわれない。鎌倉時代の美術には、九相詩絵巻もそうですけれども、とにかく人間の身体をありのままに描こうという目がある。親鸞、日蓮、あるいは『方丈記』を書いた鴨長明、少し後の時代では吉田兼好に至るまで、そういう目の持主だったと思います。それが江戸後には、まったく違うバランスと構成の文化になる。（中略）先ほどの実在する身体に根ざした目を、浄土真宗は強くもっていますし、その帰着するところは、信仰の自由だと思います。つまり、信の一字「南無阿弥陀仏」ですから。

松原　身体の実存感というのは、社会的な不安や混乱がないと生まれないのじゃないでしょうか。平和な時代はだめだと思いますね。

死の思想が登場するのはペストの後ですし、十字軍、あるいはフランス革命とか、そういう激変の時代には身体を強く意識せざるを得ないでしょう。

そして、「宗教の役割」について、養老氏は明晰に指摘する。

養老　（宗教は）脳化ということ、あるいはそれがもたらすものをある程度知っているのではないでしょうか。脳化を行き過ぎてはいけない、と。宗教って、そういう役割を必ずもっている。中世の仏教がもっていた役割は、ぼくは典型的にそうだと思います。都市化することに対して、「やっぱり人間は死ぬ。自然性を捨て去るな。金とか地位とか権力とか名誉とか、そういうものを一生懸命追いかけているけれども、時々こっちを考えよ」というメッセージを対置する。その象徴として、ヨーロッパの場合は身体を使っているんじゃないかという気がします。

これは、私たち現代人が中世の何を学ぶべきかを示唆した、核心となる発言である。

第二章　地獄と極楽

『往生要集』とは

極楽往生の指南書である『往生要集』を執筆したときの源信の自称名は「天台首楞厳院沙《しゅりょうごんいんしゃ》門源信《もんげんしん》」というものであった。天台宗総本山の比叡山延暦寺は三塔からなっており、その一つである横川《よかわ》の中堂が首楞厳院と呼ばれ、源信はそこで仏道修行する一介の出家者＝沙門だったのである。天台宗僧の源信は、どんな目的をもって『往生要集』を書こうとしたのか。その執筆目的を、源信は自らこう述べている。

「それ往生極楽の教行《きょうぎょう》は、濁世《じょくせ》末代の目足《もくそく》なり。道俗貴賤、誰《たれ》か帰《き》せざる者あらん。ただし顕密《けんみつ》の教法《きょうぼう》は、その文《もん》、一《いつ》にあらず。事理《じり》の業因《ごういん》、その行《ぎょう》これ多し。利智精進《しょうじん》の人は、いまだ難《かた》しと為さざらんも、予《よ》が如き頑魯《がんろ》の者、あに敢《あえ》てせんや」。

阿弥陀仏の極楽に生まれるための教えと修行は、この濁りはてた末の代の人々にとって大切な目や足に当たるものである。この教えと修行には、出家者も在俗者も、あるいは高貴な人も貧窮な人もみな心を傾けるであろう。ただ、これまでの天台宗（顕教）と真言宗（密教）の教えは、その内容が一つではない。それにまた、極楽に生まれるために行なう、仏の相好《そうこう》（ようす）や浄土のすがたを観想する「事《じ》の業因《ごういん》」も、仏を普遍的な真理そのものと捉えて、これと一体となる修行の「理《り》の業因《ごういん》」も、その内容がじつに多い。利智でひたすら打ちこめる人には、それもむずかしくないだろうが、私のような知恵のゆき届かぬ者にはかなわないものだ。

このように源信は、奈良・平安仏教の教えである「顕密の教法」に代わるものとして、「濁世末代」にふさわしい教えを示そうとして『往生要集』を執筆しようとしたのである。では、その『往生要集』をどのように構想・執筆しようとしたのであろうか。源信は前の文章に続けてこう語っている。

「この故に、念仏の一門に依りて、いささか経論の要文《ようもん》を集む。これを披《ひら》いてこれを修むるに、覚《さと》り易《やす》く行《おこな》ひ易からん。惣《す》べて十門あり。分ちて三巻となす。一には厭離穢土《おんりえど》、二には欣求浄土《ごんぐじょうど》、三には極楽の証拠、四には正修念仏《しょうじゅ》、五には助念の方法、六には別時念仏、七には念仏の利益《りやく》、八には念仏の証拠、九には往生の諸業《しょごう》、十には問答料簡《もんどうりょうけん》なり。これを座右《ざゆう》に置いて、廃忘《はいもう》に備へん」。

自分は難解な教えや修行には耐えられないから、念仏という限られた教えにしぼって、それに関連する経典や論集の重要な部分を少しばかり集めようと思う。これをひらいて修行するならば、悟りやすく、修行もしやすいものとなろう。全部で十章からなり、それを三巻に分けている。第一章は、この汚れた娑婆世界を厭い離れることを説き、第二章では極楽浄土を求めるようすを述べる。

このように、源信は第一章から第十章までの構成を紹介した上で、この『往生要集』を座右の書として、末代の教えを忘れてしまわないためにも備えておこうと決意を表明するのである。源信は末代の教えとして最もふさわしいのは「念仏」であることを、『往生要集』の第四章から第十章の中で解説する。仏教史的に言えば、源信のこの「観想念仏」がのちの法然や親鸞の「称名念仏」の思想母胎となるが、私たちの主要な課題は、その前提である「地獄と極楽」のようすを、源信がどう描いているかにある。第一章と第二章の探見である。

地獄のようす

源信が第一章で厭い離れるべき「厭離穢土」としてあげているのは、地獄道、餓鬼道、畜生道、阿修羅道、人道、天道の「六道」である。

まず第一の「地獄」から見ると、そこには八種類の地獄がある。

一つ目は「等活地獄」であり、これは私たち人間の住む「閻浮提《えんぶだい》」の下、一千由旬（一由旬は約一四・四キロ）のところにあり、縦広《たてひろさ》は一万由旬だという（以下の地獄の縦広は同じ）。そのようすはこうである。

「この中の罪人は、互に常に害心を懐けり。もしたまたま相見れば、猟者《りょうしゃ》の鹿に逢《あ》へるが如し。おのおの鉄爪を以て互に爴《つか》み裂く。血肉《ちにく》すでに尽きて、ただ残骨《ざんこつ》のみあり。或は獄卒《ごくそつ》、手に鉄杖・鉄棒を執り、頭より足に至るまで、遍《あまね》く皆《みな》打ち築《つ》くに、身体破れ砕くること、猶《なお》し沙揣《しゃだん》の如し。或は極めて利き刀《するど》を以て分々《ぶんぶん》に肉を割くこと、厨者《ちゅうしゃ》の魚肉を屠《ほふ》るが如し

（沙揣とは砂のかたまり、厨者は料理人）」。

ここでは罪人が地獄の獄卒によって、身体をめためたに破りくだかれる。

この等活地獄の下にあるのは第二の「黒縄地獄《こくじょう》」である。ここでは、

「獄卒、罪人を執《とら》へて熱鉄の地に臥せ、熱鉄の縄を以て縦横に身に絣《すみなわをひ》き、熱鉄の斧を以て縄に随ひて切り割《さ》く」

と、熱鉄に臥した罪人は、獄卒による熱鉄の斧で切り裂かれる。

黒縄地獄の下は第三の「衆合地獄《しゅうごう》」である。この地獄では、

「多く鉄の山ありて、両々相対す。牛頭《ごず》・馬頭《めず》等のもろもろの獄卒、手に器仗《きじょう》を執り、駈りて山の間に入らしむ。この時、両《ふたつ》の山、迫り来りて合せ押すに、身体摧《くじ》け砕け、血流れて地に満つ（器仗とは武器のこと）」

と、武器を持った牛や馬の頭をした獄卒が二つの鉄の山を相互に合わせると、罪人ははさまれて血だらけになってしまう。

「衆合地獄」の下は第四の「叫喚地獄《きょうかん》」であり、黄色の頭をした手足の長く大きい獄卒が眼か

ら火を放ちながら走るさまは風のようである。罪人はこれに怖れおののき、あわれみを乞うが、その怒りは増すのみである。

「獄卒の頭、黄なるさま金の如く、眼の中より火出《い》で、赭色《しゃしき》の衣を著たり。手足長大にして疾く走ること風の如く、口より悪声を出して罪人を射る。罪人、惶《おそ》れ怖れて、頭を叩き、哀《あわ》れみを求む。「願はくは、慈愍《じみん》を垂れて、少しく放《ゆる》し捨《お》かれよ」と。この言《ことば》ありといへども、いよいよ瞋怒《しんぬ》を増す」。

第五の地獄は「大叫喚地獄」で、苦のようすは同じだが、その重さは十倍に及ぶ。大叫喚地獄の下にあるのは、第六の「焦熱地獄」である。ここで罪人は、文字通り極熱の責め苦にあうことになる。

「獄卒、罪人を捉へて熱鉄の地の上に臥せ、或は仰《あお》むけ、或は覆《うつぶ》せ、頭より足に至るまで、大いなる熱鉄の棒を以て、或は打ち、或は築《つ》いて、肉摶《にくだん》の如くならしむ」。

第七番の地獄は、「焦熱地獄」の苦を十倍にした「大焦熱地獄」である。最後の八つ目が大焦熱地獄の下にある「阿鼻《あび》地獄」である。

死んで次の生を得るまでのその中間の存在である罪人は、ここで自ら「偈《げ》」を説いて救いを求めるが、閻魔王はそれは自ら犯した罪であり、救いようもないと呵嘖する。

「罪人、かしこに趣き向ふ時、まづ中有の位にして、啼き哭び、偈を説いて言《いわ》く、

一切はただ火炎なり　空に遍して中間《ちゅうげん》なし　四方及び四維《しい》　地界にも空しき処なし　一

切の地界の処に　悪人皆遍満せり　我、今帰《き》する所なく　孤独にして同伴なし　悪処の闇の中にありて　大火炎聚に入る　我、虚空の中に於て　日月星を見ざるなりと。時に閻羅人、瞋怒《しんぬ》の心を以て答へて曰く、
或は増劫《ぞうごう》或は減劫《げんごう》に　大火、汝が身を焼く　痴人《ちにん》已に悪を作る　今何を用《もち》てか悔《くい》を生ずるこれ天・修羅《しゅら》・健達婆《けんだつば》・竜・鬼のなせるにあらず　業の羅《あみ》に繋縛《けばく》せられたるなり　人の能く汝を救ふものなし　大海の中に於て　ただ一掬《きく》の水を取るが如し　この苦は一掬の如し　後の苦は大海の如し」。

餓鬼道・畜生道・阿修羅道

「六道」の中で、八種類の地獄に次ぐのは、餓鬼道である。ここは飢えと渇きに苦しめられる鬼が住む世界であり、この世で欲張った者や嫉妬心の強かった者が堕ちる世界である。その冒頭を『往生要集』はこう活写している。

「その相、甚だ多し。いま少分を明さば、或は鬼あり。鑊身《かくしん》と名づく。その身の長大《たけ》にして、人に過ぐること両倍、面・目あることなく、手足は猶し鑊《かま》の脚の如し。熱き火中《なか》に満ちて、その身を焚焼す。昔、財を貪り、屠《ほふ》り殺せし者、この報を受く」。

餓鬼道の次は、禽類・獣類・虫類の棲む畜生道である。ここは痴愚でつぐないの心のない者が報いを受けるところであるという。

この畜生道に連なるのは阿修羅道で、これは大海の底か大山脈の中にある。ここも常に雷などの自然の災害に苦しめられる世界で、ひとときも心静かなことはない。

人道・天道

「六道」の五つ目は「人道《にんどう》」である。私たち人間は、自分の身体が清浄であると考え、自分や世間はいつも楽しみに満ちていると思い、それが永遠に変わらないものだと考えるのが一般である。しかし、「人道」とはじつはそうではないことを、「不浄の相」、「苦の相」、「無常の相」の三つの視点から描写している。たとえば、「無常の相」について、『涅槃経《ねはんぎょう》』を引いて、こう説く。

「人の命の停《とど》まらざること、山の水よりも過ぎたり。今日存すといへども、明《あ》くればまた保ち難し。いかんぞ心を縦《ほしいまま》にして、悪法に住せしめん」。

「六道」の最後は「天道」である。これは食欲と性欲の「欲界」と、清浄な物質からなる「色界」と、物質に対する思念も離れた「無色界」の世界からなり、天界である。この天上の世界は一見、快楽に満ちているようであるが、これも長くは続かないことを、忉利天《とうりてん》を例にして次のように説いている。

「かの忉利天の如きは、快楽《けらく》極りなしといへども、命終に臨む時は五衰《ごすい》の相現ず。一には頭の上の花鬘《はなかつら》忽ちに萎み、二には天衣、塵垢に著《けが》され、三には腋《わき》の下より汗出で、四には両の目しばしば眴《くるめ》き、五には本居《ほんご》を楽しまざるなり。この相現ずる時、天女・眷属、皆悉く遠離して、これを棄つること草の如し」。

『往生要集』はこのように、第一章で「六道」の世界を、厭《いと》い離れるべきものとして説き、最後に、

「願はくはもろもろの行者《ぎょうじゃ》、疾《と》く厭離の心を生じて、速かに出要の路に随へ。宝の山に入りて手を空しくして帰ることなかれ」

と結ぶ。

源信が言う「出要の路」とは、六道の生死の迷いと苦しみを離れるのに必要な修行、すなわち「念仏」の修行のことをいう。

この「念仏」へと誘《いざな》う前に、源信が第一章の「厭離穢土」と対照的に描こうとしたのが、第二章の極楽の世界であった。

極楽の世界

源信は第二章を、極楽浄土に生まれることを願い求める「欣求浄土《ごんぐじょうど》」と銘打ち、極楽での楽を一〇種類あげて、浄土を讃えている。

第一の「聖衆来迎の楽」についてこう描く。

「およそ悪業の人の命《いのち》尽くる時は、風《ふう》・火《か》まづ去るが故に動熱にして苦多し。善行《ぜんぎょう》の人の

命《いのち》尽くる時は、地・水まづ去るが故に緩縵《かんまん》にして苦なし。いかにいはんや念仏の功積《つも》り、運心年深《うんじんとし》き者は、命終の時に臨んで大いなる喜 自《おのずか》ら生ず。しかる所以《ゆえん》は、弥陀如来《みだにょらい》、本願《ほんがん》を以ての故に、もろもろの菩薩、百千の比丘衆とともに、大光明を放ち、皓然《ごうねん》として目前に在《ま》します。時に大悲観世音《だいひかんぜおん》、百福荘 厳《しょうごん》の手《みて》を申《の》べ、宝蓮《ほうれん》の台《うてな》を擎《ささ》げて行者の前に至りたまひ、大勢至菩薩《だいせいし》は無量の聖衆とともに、同時に讃嘆《さんたん》して手を授け、引接《いんじょう》したまふ」。

念仏行者が命終わるとき、阿弥陀如来が他の多くの仏菩薩とともに眼前に現われ、観音・勢至菩薩は行者を極楽へと導くのである。

極楽へと導かれた行者は、次に第二の「蓮華初開の楽」に接す。

「行者かの国に生れ已りて、蓮華初めて開く時、所有の歓楽、前に倍すること百千なり。猶し盲者の、始めて明かなる眼を得たるが如く、また辺鄙《へんぴ》の、忽ち王宮に入れるが如し。自らその身を見れば、身既に紫磨金色《しまこんじき》の体《からだ》となり、また自然《じねん》の宝衣《ほうえ》ありて、鐶《みみわ》・釧《うでわ》・宝冠、荘厳すること無量なり」。

行者は王宮に生まれかわり、その身は金色の体となり美しい宝衣をまとうことになる。極楽の衆生はその身は金色で、内も外も清浄で常に光を放っている。

「もし十方界の色を見んと欲せば、歩を運ばずして即ち見《み》、十方界の声を聞かんと欲せば、座を起《た》たずして即ち聞く」。

これが第三の「身相神通《しんそうじんずう》の楽」である。極楽では、阿弥陀仏が立てた四十八願によって、五官の対象である色・声・香・味・触のすべてが美しさで光り輝いている。これが第四の「五妙境界の楽」である。

「四十八願もて浄土を荘厳したまへば、一切の万物、美を窮《きわ》め妙を極めたり。見る所、悉くこれ浄妙《じょうみょう》の色にして、聞く所、解脱の声ならざることなし。香・味・触の境も亦《また》かくの如し」。

また、この極楽では人と天が交わり合って、限りなく快楽を味わうことができる。第五の「快楽無退の楽」がそれである。

「かの西方世界は、楽を受くること窮《きわま》りなく、人天交接《にんでんきょうしょう》して、両《とも》に相見ることを得。慈悲、心に薫じて、互に一子の如し。共に瑠璃地の上を経行し、同じく栴檀《せんだん》の林の間に遊戯《ゆげ》して、宮殿より宮殿に至り、林池《りんち》より林池に至る。もし寂《しずか》ならんと欲する時は、風・浪・絃・管、自《おのずか》ら耳下《みみもと》を隔《へだ》たり、もし見んと欲する時は、山川渓谷、なほ眼前に現る。香・味・触《そく》・法《ほう》も、念《おもい》の随《まま》にまた然《しか》り」。

第六の「引接結縁《いんじょうけちえん》の楽」とは、

「人の世にあるとき、求むる所、意の如くならず。樹は静かならんと欲するも、風停《や》まず。子は養はんと欲するも、親待たず。もし極楽に生るれば、智慧高く明かにして神通洞《ふか》く達し、世々生々の恩所・知識、心の随《まま》に引接す」

ということが可能となる。

七つ目は「聖衆倶会《しょうじゅくえ》の楽」である。念行の行者は浄土で菩薩たちと会うことができるだけでなく、

「もしただ名を聞く者は十二億劫の生死の罪を除き、もし礼拝《らいはい》・供養《くよう》する者は恒《つね》に仏家《ぶっけ》に生れ、もし名字《みょうじ》を称すること一日・七日ならば、文殊必ず来りたまふ」

という法楽にも接することができる。

この世の娑婆世界にいるときは、仏を見ることも法を聞くことも困難であるが、極楽の世界では「かの国の衆生は常に弥陀仏を見たてまつり、恒に深妙《じんみょう》の法を聞く」ことができる。八つ目の「見仏聞法の楽」である。

九つ目の楽として、「かの土の衆生は、昼夜六時に、常に種々の天華《てんげ》を持ちて、無量寿仏を供養したてまつる」という「随心供仏の楽」を味わうことができる。

娑婆世界では、修行してもその結果として、悟りに達することはむずかしかった。しかしこの極楽世界では、仏道は増進され、最高の悟りを得ることができる。最後の一〇番目の「増進仏道の楽」である。

「かの極楽国土の衆生は、多くの因縁あるが故に畢竟《ひっきょう》して退かず、仏道を増進す。（中略）かの土の衆生は、所有の万物に於て、我《が》・我所《がしょ》の心なく、去来進止、心に係《かか》る所なし。もろもろの衆生に於て大悲心を得、自然に増進して、無生忍《むしょうにん》を悟り、究竟《くきょう》して必ず一生補処《いっしょうふしょ》に至る。乃至、速かに無上菩提を証す」。

源信は以上のように、極楽での法楽を一〇種類にわたって活写し、この世の衆生を浄土へと誘《いざな》う。

『往生要集』において、源信が地獄と極楽を詳細に描いたことの思想史的な意味ははかり知れず大きい。この意味について、梅原猛氏は『地獄の思想』の中で、四点にわたって指摘している。(37)

一、それは、人間の苦悩をみる眼を人間に与えた。『往生要集』の六道の叙述のなかには、人間の苦悩にたいする深い洞察がある。この洞察が日本人の人間をみる眼を深くしたのである。

二、それは、人間に世俗の価値とは別の価値で生きることを教える。世俗の世界はきたない世界。そのきたない世界を離れて、人は清い世界に生きなくてはなるまい。清い世界への願望が浄土という幻想を生みだした。

三、それは人間に善をすすめ、悪をやめさせる。なぜなら、よいことをすれば極楽へ行き、悪いことをすれば地獄に行くとすれば、どうしてよいことをしないでいられようか。

四、それは人間を死の不安から救い出す。死はなによりも人間に耐えがたい。自分がまったくの無に消えていくこと、それほど耐えがたいことはない。その人間に浄土教は、永劫に生きられる未来の浄土への希望を与えた。

第三章　鎌倉新仏教の思想空間

新仏教の背景

平安末期から鎌倉期にかけての政治の世界は、その支配権力の行方をめぐって激しく揺れ動いた。それまで藤原氏が皇室との外戚政策・荘園対策に功をおさめて、権力を独占していた摂関政治が、受領層を支持基盤とする院政政権の前にもろくも崩壊した。武力を前提としてなり立っていたその院政政権も、保元の乱を機に一気に体制的矛盾を露呈し、ついには政治の実権を平氏政権に奪取されるに至る。しかし平氏政権も、武力的な政権とはいえ、皇室との外戚関係を権力保持の幹とする点では摂関政治と変わらず、やがて治承・寿永の源平合戦のなかで西海に沈む。ここに、本格的な武士の政権たる鎌倉幕府が誕生したのである。

このように有為転変してやまない政治の世界の激動が、歴史の他の領域、とりわけ宗教の領域に変動を与えないはずがない。あるときは一村一郷を白骨の野と化すことも珍しくない天災地変の発生や飢饉の続出などと相俟《あいま》って、この激動する政界の動向は、一種の宿命的・歴史的下降史観である、仏説による末法思想を、当時の人々に否応なく植えつけていった。こうした政治の激変と末法思想の蔓延に象徴される救いようのない古代末期の社会を前にして、聖と呼ばれる念仏修行者の一群は、ただおのれの宗教心の赴くまま隠遁的・現世逃避的に別所を営むだけで、他者の救済にまでその心を動かそうとはしなかった。

旧仏教教団は、時代の諸状況を直視し時機相応の救済手段を講ずるどころか、有力貴族の宗教の世界における立身出世の場と化しているありさまであった。旧仏教教団もまた現世の縮図に他ならなかったのである。

一遍を除くいわゆる鎌倉新仏教者と呼ばれる法然・栄西・親鸞・道元そして日蓮たちは、肯定と否定の立場を別にすれば、ひとたびは共通して比叡山＝天台教学の門を叩いている。そこで、彼らは現世に等しい貴族界に通ずる構図を発見したり、天台教学そのものに対する懐疑・不満を覚えたりしたに相違ない。言うなれば、政治の世界の転変・末法思想の浸透にみる社会不安の増大などとともに、この旧仏教教団のありよう自体も、心ある新仏教者の眼には、修正・改革されなければならないものであった。こうして法然以下の新仏教者たちは、各自の宗教的課題に即しつつ、自ら教導者たるべく、末法の世でも、いな末法の世にあって初めて効力を発揮する新しい教説を発見していくのであった。鎌倉新仏教における、導く人＝宗祖の誕生である。

新仏教の誕生

いわゆる鎌倉新仏教の誕生については、明治時代以後、じつに多くの研究が積み重ねられてきた。歴史学、仏教学、宗教学、はたまた宗門の護教学であれ、明治から昭和の戦前期までに一貫して流れていた研究の主たる潮流は、おおよそ次の三つのアプローチであった。

一つは、鎌倉新仏教の誕生をヨーロッパの宗教改革と重ね合わせようとする「宗教改革」的な見方である。言うなれば、日本における西欧さがしである。このアプローチは、脱亜意識に乗って大いなる興隆をみた。しかしその一方で、まったく歴史的風土の違う西欧と日本を単純に比定することに対する疑問を抱く者も出てきた。日本の院政期という時代状況のなかに、鎌倉新仏教誕生の背景を探ろうとする立場である。当時の各種の「往生伝」の中に、鎌倉新仏教者の原像を「聖」「沙弥」「持経者」という形で探り当てた、第二のアプローチである「思想的系譜論」がそれである。新仏教の日本国内における背景の探求である。

こうした二つのアプローチによる研究によって長足の進歩をみせた鎌倉新仏教の研究が次に世に問うたのは、各宗祖の獲得した信者の社会的階層の検証であった。「社会的基盤論」ともいうべきこの三つ目のアプローチによって、新仏教研究は教団史研究の道筋を見出すことになった。

三つのアプローチからなる鎌倉新仏教の研究を通して、仏教の日本化の道筋が明らかになり、そこに一つの日本的思想の原像が説き示されるに至った。この宗教革新運動は、日本の歴史上まったく空前絶後のことであり、それは高く評価されていい。その宗教の園には、汲めども尽きぬさまざまな思想の源泉がある。

新仏教の意味

新仏教誕生の過程は、各領域から照射されて、その全容はかなり解き明かされることとなったが、しかし、中世鎌倉時代に宗教として存在したのは、なにも新仏教だけではなかった。このいとも明白な事実を指摘し、新仏教のみに目を奪われてきた従前の研究に大きな反省を迫ったのが、黒田俊雄氏のいわゆる「顕密体制」論であった。

鎌倉新仏教とそれ以前の奈良・平安仏教の「旧仏教」をトータルに捉えることの必要性を説き、その総体の枠組みを提示した「顕密体制」論は、社会経済における荘園制と社会構成の仕組みを視野に入れた、中世国家と宗教の関係を問う「中世政教」論であった。

この壮大な構想による中世政教論はごく単純化して言えば、旧仏教は国家から公的に承認された「正統仏教」であり、新しく誕生した新仏教はその存在が十分に認知されない「異端仏教」であるという論理である。この西欧中世教会史を彷彿させる基本的図式のもう一つの特徴は、旧仏教を領導するのは天台密教であること、そして鎌倉幕府も、この天台宗がリードする「顕密体制」を擁護する立場にあることを強調したことである。

この画期的な学説にはもちろん学ぶべきことはたくさんあるものの、私は一つに旧仏教＝正統仏教、新仏教＝異端仏教という「正統・異端」概念の日本的適用、二つに鎌倉幕府の宗教史的な位置づけの正否などに、若干の疑念を抱いたことがある。

そして私なりに、中世国家と仏教の関係を次のように考えてみた。すなわち黒田氏のような「正統・異端」概念に拠らずに、国家権力＝「体制」と見なし、その体制の思想的な特徴を、日本の神々に対する「神祇信仰」を物差しにして測ることを提示してみたのである。言うまでもなく、国家権力＝「体制」の保持者たらんとする者は「体制仏教」の世界を、その権力に対決せんとする者は「反体制仏教」の世界を、そして二つの立場を止揚せんとする者は「超体制仏教」の世界を、それぞれ形成するに違いない。

この三つの思想空間は、体制の物差しの「神祇信仰」に対して、当然つぎのようなスタンスをとることになろう。

「体制仏教」の世界は、「神祇信仰」を信受・摂取することによって現実の支配秩序を保持しようとし、それに対して「反体制仏教」の世界は、その「神祇信仰」をあくまでも徹底的に排除して、所与の支配秩序を容認しまいとするだろう。「超体制仏教」の人々は、その「神祇信仰」に対して確固たる思想的意味づけも行なうことなく、いわばその信・不信を超越することになろう。

この仮説をもとに私が描いた「中世宗教の基本的構図」を示せば、図４のようになる。

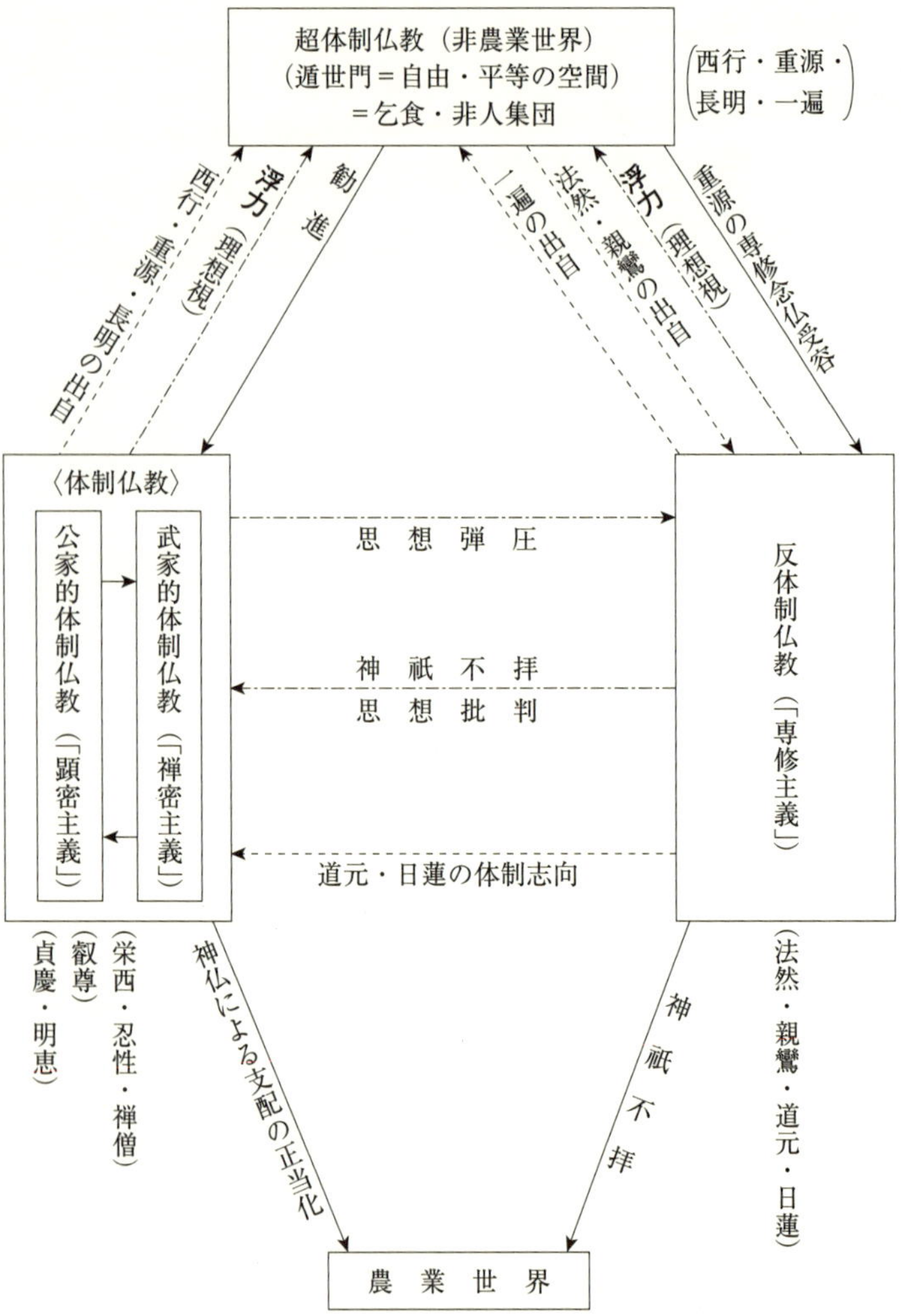

図 4　中世宗教の基本的構図

この構図の中の「反体制仏教」者が、一仏・一行に専心することに自らの宗教的使命を燃焼させた、いわゆる鎌倉新仏教者たちである。そのなかにあって、「神祇信仰」をもって国家権力との位相を考えた場合、臨済宗の栄西は鎌倉幕府の奉ずる「武家的体制仏教」に属し、一遍はあくまでも国家権力から自由であろうとした「超体制仏教」の世界に属す。

黒田氏が提唱された天台密教を中核とした「顕密体制」論は、私の理解によれば、図中の「公家的体制仏教」に適合する理論である。

したがって、鎌倉幕府という国家権力は、栄西をはじめとする臨済禅と、西大寺の真言律僧の忍性および鶴岡八幡宮によって構築された、独自の宗教世界をもった存在であったとみてよいだろう。幕府の守護神である鶴岡八幡宮は、一貫して反延暦寺の立場を基調にしており、その別当の出自をみる限り、東寺系と寺門派によって構成される真言密教の世界であった。

この八幡宮の真言密教と臨済禅の総和たる「禅密主義」こそが、幕府が独自に志向・構想した「武家的体制仏教」の世界であった(38)。

日本思想の原像ともいうべき中世的な思想は、こうした三つの思想空間のなかに、時に思想的葛藤、時に思想弾圧を伴って生成されていった。

第四章　宗祖たちの死生観

念仏の聖者・法然

法然（一一三三〜一二一二）は長承二年、美作国（今の岡山県）久米南条稲岡荘で生まれ、父は久米郡の漆間時国、母は秦氏という。保延七年（一一四一）、父時国は明石源内武者定明に殺害された。法然は父の遺誡により同国の菩提寺に入り観覚の弟子となったが、一三歳のとき比叡山北谷の持宝房源光の室に入った。一五歳に及んで延暦寺で登壇受戒し、のち東塔西谷の功徳院に住する皇円の弟子となった。

その後久安六年（一一五〇）、一八歳の秋に隠遁して西塔黒谷に住み、叡空に師事し、経律論疏などを読むとともに諸宗の大徳に宗の秘奥を聞き、智恵第一と称されるに至った。このころの法然は隠遁者とはいえ、未だ出離の道を得ず、師の叡空から相承した天台円頓戒を「天皇以下海内貴賤」に伝戒する学解一途の生活を送っていた。

法然が一転して専修念仏に帰入したのは、一般に承安五年（一一七五）といわれる。その動機は、諸行往生思想と観想を重視する『往生要集』と決別し、「偏依善導」（ひとえに善導に依る）の立場を掲げた結果とか、『往生要集』が善導を模範としていることを確信した結果にもとづくなどと考えられている。いずれにせよ、法然が専修念仏に帰入したのは、中国の浄土教の大成者・善導（六一三〜六八一）に負うところが大きかった。

このように、善導の『観経疏』によって開眼し、専修念仏への帰入＝浄土宗の開立を決意した法然は、承安五年、黒谷を出て東山吉水に向かった。以後、吉水で念仏修行に専念する法然に、朝廷・公卿をはじめ武士・庶民などの階層が帰依し、道俗に称名念仏の声があふれた。『一期物語』『源空聖人私日記』によれば、叡山を下山した法然は顕真の招きを受け、顕真の住房山城国大原勝林院で浄土の宗義・念仏の功徳・弥陀の本願の旨を説いた結果（大原談義）、多くの学僧は歓喜の涙を流したという。

しかし、元久元年（一二〇四）の冬から叡山の反対が強まり、『七箇条起請文《きしょうもん》』を作って釈明したので一時的に鎮静化したものの、同二年に及んで興福寺側が九箇条にわたる『興福寺奏状』を編んで、法然の専修念仏の教義を徹底的に批判した。翌年の十二月、門下の遵西《じゅんさい》らが催した別時念仏に院の女官らが結縁外泊した事実が発覚した。その女官のうちには後鳥羽上皇の寵愛する伊賀の局も入っており、憤怒した上皇は遵西らを死罪に処しただけでなく、専修念仏を禁止し、法然の責任を問うて土佐（じつは讃岐）に流罪とし、その他の有力な門弟もそれぞれ諸国に流した。

その中の一人である親鸞が後年、『教行信証』の中でこのときの専修念仏の禁止を「主上・臣下背レ法違レ義」（後鳥羽上皇とその臣下は、仏法に背き人の道を間違った）と批判したのは注目される。承元元年（一二〇七）十一月、赦免されて摂津勝尾寺に仮居すること四年、道俗を教化したが建暦元年（一二一一）ようやく京都に帰り、『一枚起請文』を門下の源智《げんち》（一一八四〜一二三九）に与え、翌年正月二十五日、八〇歳で東山大谷に没した。

法然の思想や死生観を伝える最も根本となる著作は『選択本願念仏集』である。それは浄土宗教義の眼目を明らかにした一六章からなる著述である。その冒頭で、こう説いている。

「それ速やかに生死を離れんと欲はば、二種の勝法の中に、しばらく聖道門を閣《さしお》いて、選びて浄土門に入れ。浄土門に入らんと欲はば、正雑二行の中に、しばらくもろもろの雑行を抛《なげす》てて、選びてまさに正行に帰すべし。正行を修せんと欲はば、正助二業の中に、なほし助業を傍らにして、選びてまさに正定を専らにすべし。正定の業とは即ちこれ仏の名を称するなり。名を称すれば、必ず生ずることを得。仏の本願によるが故なり」。

法然はまず仏法を「聖道門」（旧仏教）と「浄土門」に大きく分けた上で、「浄土門」を選択する。その浄土門には「正・雑」の二つの修行形態があるとし、「正行」を選ぶ。この「正行」にも「正・助」の修行があるので、「正定」を選択する。そして「正定」とは、仏の名を称することに他ならないとする。

このように法然は、称名のみを本願に相応する正定業《しょうじょうごう》すなわち仏によって選定された行とし、持戒・観想を含めて称名以外の行は助業《じょごう》・雑業《ぞうごう》として、その宗教的意義を第二次的なものとしたのである。称名念仏こそがこの世で最高の教え、「正定業」であると悟った法然は、この教えにもとづいて、次のような死生観を信者に教え示した。

画期的な教え

「聖の申候し様は、おほかた生死をはなるるみち、様々におほく候へども、その中にこのごろの人の生死をいづる道は、極楽に往生するよりほかには、こと道はかなひがたき事也。これほとけの衆生をすすめて、生死をいださせ給ふべき一つの道也。しかるに極楽に往生する行、又様々におほく候へども、その中に念仏して往生するよりほかには、こと行はかなひがたき事にてある也。そのゆへは、念仏はこれ弥陀の一切衆生のために身づからちかひ給ひたりし本願の行なれば、往生の業にとりては、念仏にしく事はなし。されば往生せんとおもはば、念仏をこそはせめと申候き」。(『津戸三郎へつかはす御返事』)

(生死の苦しみから離れる道はいろいろあろうが、近ごろは、多くの場合、極楽に往生する以外にはないようだ。というのも、これは仏が一般の庶民に勧めてくれた道だからである。極楽に往生するための修行もいろいろあるが、念仏をして往生するのが一番である。それは阿弥陀如来がすべての庶民のために誓われた「本願の行」だからである。往生には、念仏にかなうものはない。極楽に往生したいと思えば、ただ念仏だけをするがいい)。法然は日本仏教史上、初めて称名念仏こそ仏法の「正定業」と捉え、信者に念仏による死からの救いを説いたのである。

この画期的な教えを受け継ぎ、さらにその称名念仏を在家のレベルで深めていったのが高弟の親鸞である。

信の念仏者・親鸞

親鸞(一一七三〜一二六二)は承安三年(一一七三)藤原氏の一族・日野家に生まれた。父は日野有範であるが、母は定かでない。飢饉に見舞われた養和元年(一一八一)、出家得度した。慈円を得度の師に出家した親鸞は、以後二九歳までの二〇年間、「殿のひへのやまに、たうそうつとめておはしましける」(『恵信尼消息』)の如く、叡山で持戒堅固に常行堂の不断念仏僧として修学した。その持戒生活のなかから、より深い宗教的要求を導いた親鸞は、建仁元年(一二〇一)、京都六角堂に参籠し聖徳太子の示現の文=「行者宿報設女犯」(行者は宿報に女犯を設く)という、一個の人間として、妻帯も容認されるというお告げを得た上で、吉水の法然と出会う機縁にも恵まれた。

『恵信尼消息』によれば、その後一〇〇日間、後世の救済を求めて親鸞は法然のもとへ通いつめたという。絶対随順の師を発見した親鸞は、その心境を『教行信証』(化巻)に「愚禿釈の鸞、建仁辛酉の暦、雑行を棄てて本願に帰す」と表明している。日々研学・聞法にいそしむ真摯な親鸞は、元久二年（一二〇五）、師法然から『選択集』の書写と肖像の図写を許された。しかし、法然の膝下で研鑽を積むこと六年、承元の法難（一二〇七年の後鳥羽院による法然以下の専修念仏者の弾圧）にあい、親鸞は越後流罪に処され、ここで師と永遠に離別することとなった。

流罪生活五年を経て勅免された親鸞は『親鸞伝絵』が示すように、上野・武蔵・下総を経由して常陸国笠間郡稲田郷に入った。親鸞がこの稲田を選定したのは、この地が東国教化の拠点にふさわしい宗教的環境であるためといわれる。やがて六〇歳をこえた親鸞は著作に専念すべく京に帰るが、その後も信仰上の対立で揺れ動く関東の門弟たちと、数多くの手紙をとりかわした。弘長二年（一二六二）十一月二十八日、九〇歳で没した。

このように、親鸞の生涯は、平安末期から鎌倉初期の動乱の時代を生き抜き、そのなかで越後・常陸・京都を移り住むという波乱そのものであった。それは同時に、仏教史上にも例をみない妻帯・育児の在家的生活のなかに営まれたものであった。そこに、人間としての愛憎の絆を併せ持つ出家者の姿もあった。

親鸞は九〇年の生涯のなかで、人間であるがゆえの「生死の苦海」を味わい、人間であるがゆえに、生きる自己を凝視しつづけなければならなかったであろう。この人生を通して、親鸞はどのような思想を結晶化していったのであろうか。

親鸞にあっては、現世の善悪等のすべての行為は宿業のなせる業であり、阿弥陀仏が説く「南無阿弥陀仏」の教えの前には善人か悪人かの区別はなく、信心の有無だけが往生の決定条件である。これが一般に言う「悪人正機説」、すなわち、人間は平等に悪人であり、その自覚のない善人（自分で修行する人）ですら往生できるのだから、悪人（煩悩をもつすべての大衆）であることを自覚した他力信仰者の往生は疑いないという教えの根本的な原理である。善人と悪人の区別をえらばないという「不撰善悪」の考え方ともいえるこの思想原理は、念仏を唱える回数についても「浄土真宗のならひには、念仏往生とまうすなり。またく一念往生、多念往生とまふすことなし」というように貫かれている。これは一念、多念という念仏の数量的二元性の克服を意味しているといえる。自力でもない他力でもない不撰の選という絶対他力の世界を志向した親鸞は、「不断煩悩得涅槃」（人間は煩悩をもったまま救われる）という形で自らの思想を結晶させたのである。

親鸞の死生観

絶対他力の念仏を得た親鸞にとって、「生と死」はどう思念されていたのであろうか。その主著『教行信証』の「証」巻の冒頭で、こう説いている。

「煩悩成就の凡夫、生死罪濁の群萌、往相廻向の心行を獲れば、即の時に大乗正定聚之数に入るなり。正定聚に住するが故に、必ず滅度に至る」。

すなわち、迷いの世界である生死海に流転する私たち凡夫にあっても、極楽往生しようとする廻向《えこう》の信心をえれば、すぐさまその極楽往生の正定聚に住まわせられ、必ず仏となるべき不退の位に住すことができると。

この説示は、一切の凡夫がこの世において、死の苦しみから解き放たれる可能性を明らかにしたものである。

極楽往生を願うすべての人々がこの世でもれなく速やかに証《さと》りをうることができ、「正定聚」に住するということは、私たちが生死を超えたこと、生死をすてはてることを意味する。

親鸞はこの教えについて、くり返し「高僧和讃」の中で説いている。次の一文はその例である。

「生死の苦海ほとりなし、ひさしくしづめるわれらをば　弥陀弘誓のふねのみぞ　のせてかならずわたしける」。(「高僧和讃」)

(迷いの象徴である生死の苦海は際限もない。その中に久しくしずんでいる私たち衆生を、阿弥陀如来は誓いの舟に乗せて、間違いなく極楽へと渡してくれる)。

「五濁悪世のわれらこそ　金剛の信心ばかりにて　ながく生死をすてはてて　自然の浄土にいたるなれ」。(「高僧和讃」)

(この娑婆の世界に苦悩する私たちは、阿弥陀如来への堅い廻向の信心をもつだけで、生死の苦しみから解放され、極楽浄土に至ることができる)。

親鸞はまた一方で、阿弥陀仏が衆生を極楽浄土に救済したという弥陀の本願力を大船にたとえて、生死の大海を横さまに超える教えであると説く。次の一文はその例である。

「横はよこさまにといふなり、超はこえてといふなり、これは仏の大願業力のふねに乗じぬれば、生死の大海をよこさまにこえて真実の報土のきしにつくなり」。(「一念多念文意」)

(横とは横さま、超とは超えてという意味である。これは阿弥陀仏の本願の船に乗れば、この世の苦である生死の大海を、横さまに超えて、本当の報土(極楽)の岸にたどりつくのである)。

親鸞はまた一方で次のようにも説いている。

「摂取心光常照護といふは、无㝵光仏の心光つねにてらし、まもりたまふゆへに、无明のやみはれ、生死のながき夜すでにあかつきになりぬとしるべし」。(「尊号真像銘文」)

(「摂取心光常照護」というのは、さえぎることなく自在に照らす弥陀仏の光は、いつも衆生を照らし、守ってくださるので、この世の無明の闇も晴れ、生死の長夜は、すでにあかつきになったという意味であることを知りなさい)。

親鸞が、このような阿弥陀仏の絶対他力による死の救済を説くに至ったのは、九〇年にわたる波乱の生涯のなかで、生死の苦海のありようと自己凝視を続けたからである。

親鸞自身、限りある凡夫の自覚を背負いながら、仏道者として妻帯の禁を犯してまで、一個の人間として生きようとした。その自らの迷いはいつまでも深刻であった。深刻さの度が増すごとに、阿弥陀仏の教えに深く帰依していった。自らの宗教実践を信者にも、自分のことのように教え示していった。

鎌倉新仏教の中で、信仰の位相でいえば、親鸞と同じく念仏門に属するのが一遍である。一遍の行動と思想を跡づけた上で、彼の死生観をうかがってみることにしよう。

遊行の捨聖《すてひじり》・一遍

一遍（一二三九〜一二八九）は延応元年（一二三九）、伊予（今の愛媛県）の豪族河野七郎通広の子として生まれた。『河野家譜』によると、祖父通信・伯父通政は承久の乱の際、上皇方に属したため処罰され、祖父は平泉に流され伯父は自害したという。一遍は一〇歳のとき、母に死別して無常の理を悟り、すでに出家し古刹宝厳寺の一隅に隠棲していた父通広（如仏）の命で出家し、幼名松寿丸を随縁と改めた。

建長三年（一二五一）一三歳で筑前太宰府の聖達の弟子になった。聖達は『法水分流記』によると浄土宗西山派の祖証空の弟子である。一遍はこの聖達のもとで修学したが、肥前清水の華台のもとで浄土教学も学んだ。そのとき名を智真と改めた。弘長三年（一二六三）父の訃を聞き故郷に帰った。彰孝館本『一遍上人縁起』によると、還俗して家督を継いでいたが、やがて一族間の所領争いから再び出家したという。

文永八年（一二七一）信濃の善光寺に詣で、善導の二河白道《にがびやくどう》の図を写しとり、伊予窪寺に帰ってからそれを本尊に称名念仏に励んだ。文永十一年（一二七四）には四天王寺・高野山をまわり熊野権現に赴いた。そこで信心のない者はいかにして勧化すべきかを考えるべく、本宮証城殿に参籠した。その結果、神託を得て「信不信をえらばず浄不浄をきらわず」に念仏の札を配ればよい、という確信をもつに至った。一遍はこの確信を「六字名号一遍法、十界依正一遍体、万行雑念一遍証、人中上々妙好華」の「六十万人頌」であらわし、自ら一遍房と名乗り、「南無阿弥陀仏 決定往生 六十万人」と書いた念仏の札を人々に配り（賦算《ふさん》）、念仏を勧めて全国を巡歴（遊行《ゆぎょう》）することになった。時宗ではこの時をもって一遍成道＝時宗開宗としている。

まず一遍は生国伊予一円を普く勧化してのち九州に渡り、ここで終生の伴侶となった後継者・他阿弥陀仏真教を弟子にしている。真教以下七、八名の同行を随えての遊行地は『一遍聖絵』『一遍上人年譜略』によると、九州・四国・近畿・北越・関東・山陰・山陽に及んだ。正応二年（一二八九）阿波から播磨に移り、尊敬する沙弥教信の故地加古で臨終する心づもりであったが、兵庫に迎えられ和田岬観音堂に入った。臨終近い八月十日朝、所持する聖教の一部を書写山に納め、残りを「一代聖教皆つきて、南無阿弥陀仏になりはてぬ」と自ら焼き捨てた。この捨聖とも遊行上人とも称される一遍が五一歳で没したのは、それから二週間後の八月二十三日であった。

一遍は、彼に随伴して諸国を遊行する僧尼を時衆と呼んだ。時衆とは六時念仏衆の意味であり、それには一遍に随い遊行の旅を続ける「遊行時衆」、遊行に加わらず在俗の生活のかたわら六時念仏を勤める「俗時衆」、一遍とその集団に米銭を喜捨したり宿舎の世話などをして結縁した「結縁衆」などがあった。

独《ひと》りの思想

一遍は「名号は信ずるも信ぜざるも、となふれば他力不思議の力にて往生す」(『一遍上人語録』)と名号至上主義のもと、身・口・意の三業(仏の救いの害となる身・口・意による肉体的・精神的に無知なる行為)を超越して一心不乱に念仏を唱えることを教える。これを「離三業の念仏」という。またこの念仏は人間の自覚や意識という知的な営みをすべて除き、「念々の称名は念仏が念仏を申なり」(『一遍上人語録』)ということから、「当体の念仏」とも呼ばれる。こうした三業を離れた当体の念仏の境地に到達するには、徹底した捨家棄欲が要求されたし、仏の使者であり仏道の指導者でもある知識への絶対的帰命も要請された。

このように、「離三業」と「当体」の念仏を説く一遍は、自らの死生観をまず、こう開陳する。

「聖道・浄土の法門を　悟りとさとる人はみな　生死の妄念つきずして　輪廻の業とぞなりにける」。(『一遍上人語録』巻上「別願和讃」)

(聖道門と浄土門の教えを、知的に「悟り」と捉える人はみな、生死の妄念がつきまとったまま、輪廻転生の迷いの生活を送ることになる)。

一遍にとって、念仏とは頭で知的に考えるものではなく、知的な営みを完全に排除したところに芽生える、念仏そのものにすべてをかけた、一心の称名念仏であったのである。

心の念仏を徹底的に求めた一遍は、この世とあの世についてこう説いている。

「六道輪廻の間には　ともなふ人もなかりけり　独《ひとり》むまれて独《ひとり》死す　生死の道こそかなしけれ」。(『一遍上人語録』巻上「百利口語」)

(六道輪廻のときは、一緒に伴う人はいない。人はひとりで生まれてきて、ひとりで死んでいくものだ。だから私たちの生死というのは、かなしいものなのだ)。

一遍の最も一遍らしい死生観は、やはり、「当体の念仏」である。

「南無阿弥陀仏には、臨終もなく、平生もなし。三世常恒の法なり。出る息いる息をまたざる故に、当体の一念を臨終とさだむるなり。しかれば念々臨終なり、念々往生なり」。(『一遍上人語録』巻下)

(南無阿弥陀仏を唱える行者には、臨終も平常の区別もない。その念仏は過去・現在・未来の三世にわたって、常にその人とともにある教えである。出る息が入る息を待たないから、念仏を唱えるその人に代わって念仏だけが残っている瞬間を臨終とするのだ。だから念仏をしているその一念一念が臨終なのであり、往生なのである)。

すべてのことから解放され、すべてのことを捨て去り、孤独になりきった状態を「死」とする彼の死生観を最も結晶化したのが、次の文章である。

「万事にいろはず、一切を捨離して、孤独独一なるを、死するとはいふなり。生ぜしもひとりなり、死するも独なり。されば人と共に住するも独なり、そひはつべき人なき故なり。又わがなくして念仏申《もうす》が死するにてあるなり。わが計ひをもて往生を疑ふは、惣じてあたらぬ事なり」。（『一遍上人語録』巻下）

人間は生まれてくるときも、死んでいくときもひとりである。自分の知的なはからいをこえた「当体の念仏」を死とするというこの死生観こそ、一遍の本領が発揮された一遍的死生観であろう。

法華の行者・日蓮

鎌倉新仏教の中で、体制志向から「反体制」へと思想転換し、波乱万丈の生涯を送った人物という点では、日蓮がその筆頭であろう。

その日蓮の死生観をみる前に、彼の生涯を跡づけてみることにしよう。

日蓮（一二二二～一二八二）は安房小湊の海縁村落に「海人の子」＝有力漁民の子として生まれた。一二歳で故郷の天台寺院清澄寺に登り、一六歳のとき、世の無常を感じてというよりは「日本第一の智者」になるべく出家して是聖房蓮長と名乗った。のち鎌倉の諸寺や延暦寺その他に遊学して天台教学・密教・浄土教などを修学した。

はじめ浄土教に傾斜していたが、遊学の途次、涅槃経の「法に依て人に依らざれ、了義経に依て不了義経に依らざれ」の経文を発見したのを契機に、「法華経」による宗教実践をめざす持経者の道を選択した。そして建長五年（一二五三）、清澄寺で法華一経こそ成仏の法であると宣言（立教開宗）するとともに、浄土教を批判した。そのため、清澄寺や念仏者の地頭東条景信の圧迫を受け、清澄寺を退出させられた。鎌倉に出た日蓮は松葉谷に草庵を構え、念仏・禅を対象に折伏《しゃくぶく》（他宗を強烈に批判し、自宗に化導する一つの方法）するに至った。

やがて、正嘉から正元のころ（一二五七〜一二六〇）、関東に地震・疫病などの大災害が続出したが、日蓮はこの原因と対策を経論の中に求めて、文応元年（一二六〇）、外国の侵略・内乱の予言を骨子とする『立正安国論』を著わし、北条時頼に上呈した（第一回の諫暁〈国主の政策をいさめさとすこと〉）。しかしこの上呈は、黙殺はおろか、鎌倉の念仏者による松葉谷襲撃も起こり（松葉谷の法難）、幕府は弘長元年（一二六一）、日蓮を伊豆伊東に配流した（伊東法難）。同三年に赦免され、翌文永元年（一二六四）故郷に帰ったが、再び東条松原で地頭東条景信の襲撃を受けることとなった（東条法難）。こうした度重なる法難によって、日蓮は法華経の行者の自覚をいよいよ深めていった。

文永五年（一二六八）蒙古国書が届いたことにより、『安国論』の侵略の予言が適中したと日蓮とその門弟は感得した。と同時に世人の日蓮評価もかわり、蒙古襲来の不安のなかで信奉者も徐々に増えていった。日蓮はなお一層激しく諸宗を批判し、法華経至上主義を実現しようとしたが、文永八年（一二七一）に及んで、日蓮と門弟の急進的な言動に反秩序的な要素を読みとった幕府は、彼らを一挙に弾圧した。このとき日蓮は捕えられ、得宗被官・平頼綱の質問を受けた折、再び法華信仰への帰依を迫ったため（第二回の諫暁）、あやうく斬首されそうになった（竜口法難）が、結局、佐渡に配流されることとなった（文永八年の法難）。

飢えと寒気という四年に及ぶ佐渡の流謫生活は、日蓮に無限の思索の自由を与えた。法華経の伝道者の使命感を確認した『開目鈔』、「南無妙法蓮華経」の題目を唱える唱題思想を確立した『観心本尊抄』などはその大きな結晶である。『開目鈔』にいう「我日本の柱とならむ、我日本の眼目とならむ、我日本の船とならむ」の誓願、「天もすて給、諸難にもあえ、身命を期とせん」という不退転の覚悟を披瀝した一文は、この時期、法難を受けたことを正当化し、仏使意識に燃える日蓮の姿をよく示している。文永九年（一二七二）には、北条時宗と異母兄の北条時輔が対立した幕府の内紛が起き、『安国論』に予言した内乱の適中に他ならないと日蓮と門弟には思われた。

文永十一年、赦されて鎌倉に帰り、平頼綱と再び会見し、襲来の時期と対策を問われて法華信仰の受持と密教の不採用を強く進言した（第三回の諫暁）が容れられなかった。失意というよりは「三度いさめ用ずば去る」の儒教的精神をよりどころに、おのれを正当に評価できない幕府に同情の念すら示しながら、甲斐国身延山に隠栖した。入山半年後には、蒙古の襲来が現実のものとなった。その翌年『撰時抄』を著わし、その中で、襲来は正しい法華信仰を忘れた日本に対する「隣国の聖人」が送り込んだ懲罰軍であると意味づけし、法華経流布の時期が到来したと吐露した。弘安二年（一二七九）に発生した法華信仰に対する集団弾圧（熱原法難）には、信徒の救済と連帯の受苦を訴えるなど細やかに弟子の育成にあたったが、山深い身延の地はいつしか日蓮の健康を蝕んでいた。弘安五年（一二八二）身延から常陸の温泉に赴く途中、武蔵池上に六一歳で没した。

日蓮の思想的特質として、正統天台の復興意識と「法華経の行者」意識とが結合したところに芽生えた他宗折伏があげられる。法華経受持を軸とする釈尊―天台―伝教―日蓮という宗教的正嫡意識（三国四師観）に裏打ちされた仏使意識のもと、開宗前後から念仏宗・禅宗に対する排斥・折伏を展開した。両宗の興隆が正統天台を変質させ、比叡山の経済的破綻を招く因となるとの理由からであった。次いで折伏の対象としたのは真言宗と律宗であるが、前者は蒙古襲来前後における異国調伏（仏の力で敵を従わせること）を担ったからであり、後者は法華信仰を保ち「南無妙法蓮華経」の題目を唱えれば、そのこと自体が律宗のいう「持戒」（戒律を保つこと）になるという教説的な理由からであった。このような折伏の総称が「真言は国をほぼす、念仏は無間地獄、禅は天魔の所為、律僧は国賊」（『諌暁八幡抄』）という「四箇格言」であり、折伏伝道の簡潔な標榜となったのである。

こうした折伏を展開し、法華経至上主義を実現しようとする日蓮の救済の論理は、法華経あるいはその眼目たる七字の題目を唱えることにより、遠い昔に成仏した仏であるという「久遠実成の釈尊」と法華経と衆生とが一つになり、衆生はそのまま成仏できるというものであった。

そして成仏できる場＝浄土は、法華経の行者・信者の住するところすべてに存在する（常寂光土）といわれた。いわば現世からの逃避の理論ではなく、現世克服の理論である。この常寂光土＝現世克服の理論は、在家の悪人や女性にも広く開放されていた。専持法華で結ばれる法華経の世界にあっては、現実の社会的階層の別はなく、すべて日蓮を介して教主釈尊と一体となることができたのである。

このように「法華経の行者」として六一歳の生涯を送った日蓮は、死を自らどのように問い、それを門弟たちにどのように教えていったのであろうか。

現在と未来の成仏

まず次の一文が注目される。

「夫れおもんみれば日蓮幼少の時より仏法を学び候ひしが、念願すらく、人の寿命は無常なり。出づる気は入る気を待つ事なし。風の前の露尚譬にあらず。賢きもはかなきも、老いたるも若きも定めなき習ひなり。されば先ず臨終の事を習うて後に佗事を習ふべしと思ひて、一代聖教の論師・人師の書釈あらあら勘へ集めて、是を明鏡として一切の諸人の死する時と、並びに臨終の後とに引き向へて見候へば少しも曇りなし」。（『妙法尼御前御返事』）

これによれば、日蓮は幼少の時から、人間の生と死、命の無常のことが念頭から離れることがなかったという。そして、それが出家の動機にもなったという。言うなれば、死からの救済・生死の超克の一大事が、日蓮をして仏門へと導いたのである。

前に確認したように、『法華経』への帰依を選び取ったあと、日蓮はいよいよその一念に燃え他宗への折伏を強めていく。そのなかで、「念仏は多けれども仏と成る道にはあらず。戒は持てども浄土へまひる種とは成らず。但《ただ》南無妙法蓮華経の七字のみこそ仏に成る種には候へ」(『九郎太郎殿御返事』)と、生死を離脱し仏となるべき要件を満たせるのは「南無妙法蓮華経」の七字以外に他はないと確信するに至る。

日蓮は「南無妙法蓮華経」の七字の唱題に生死超克の道を確信し、この実践を通して、宿罪を滅し、堕獄の道も防げ、教主釈尊に包摂されると捉えたのである。

日蓮はこの唱題によって、この世にいながらにして未来の成仏が可能であると説いた。日蓮は現世の行為において現在と未来の成仏を実現するのが「法華経」の信仰であると説いた。なぜならば、現世の信心が未来を利益するのは、釈尊による過去・現在・未来の三世にわたる変わることのない衆生の教導が永続するという「所化以同体」(『観心本尊抄』)の世界が実現するからである。

このように日蓮は、題目受持によって現在の成仏とともに、未来永劫にわたって釈尊とともにある自己を実現できると説いた。つまり、永遠の命である久遠釈尊の世界に生きる不滅の生が、そこに実現すると教えたのである。日蓮は釈尊のいる世界への旅立ちを、霊山浄土への往詣といい、門弟・信者の死後の救済をこの教えによって実現しようとした。

弘安三年（一二八〇）九月六日付の消息で、夫に先立たれ、あまつさえ愛し子の息子まで失った女性信者を慰めるべく、次のような筆をとった。

「南條七郎五郎殿の御死去の御事。人は生《レ》て死するならいとは、智者も愚者も上下一同に知《リ》て候へば、始てなげくべしをどろくべしとわをぼへぬよし、我も存《シ》、人にもをしへ候へども、時にあたりてゆめかまぼろしか、いまだわきまへがたく候。まして母のいかんがなげかれ候らむ。父母にも兄弟にもをくれはてて、いとをしきをとこ（夫）にすぎわかれたりしかども、子どもあまたをはしませば、心なぐさみてこそをはし候らむ。いとをしきてこご（子）、しかもをのこご、みめかたちも人にすぐれ、心もかい〴〵しくみへしかば、よその人々もすずしくこそみ候しに、あやなくつぼめる花の風にしぼみ、満月のにわかに失《うせ》たるがごとくこそをぼすらめ。まことともをぼへ候はねば、かきつくるそらもをぼへ候はず。又々申《ス》べし。

恐々謹言。

九月六日　　日　蓮　花　押

上　野　殿　御　返　事

追申。此六月十五日に見奉り候しに、あはれ肝《きも》ある者哉、男也男也と見候しに、又見候はざらん事こそかなしくは候へ。さは候へども釈迦仏・法華経に身を入《レ》て候しかば臨終目出候けり。心は父君と一所に霊山浄土に参りて、手をとり頭を合せてこそ悦ばれ候らめ。あはれなり、あはれなり」。（『上野殿後家尼御前御書』）

日蓮は上野殿後家尼にあて、南條七郎五郎を失って失意の淵にしずむところからまず筆を起こす。

「人が生まれて死ぬことは誰しも知っていることで、今さら嘆いたり驚いたりすることはないと思い、人にもそう言ってきたが、いざそのときに当たってみると夢か幻のように思われ、いまだに本当とは思えない。まして母であるあなたには、どんなにかお嘆きのことであろう。最愛の夫と死別してからは、子供たちと暮らすことを心の慰めとしてきたであろうに。七郎五郎は人よりすぐれ、はきはきした男の子であったのに、無邪気につぼみをつけた花が風に吹かれてしぼみ、満月が雲の中に急にかくれてしまったように思われる。本当に亡くなったとは思えないので、この手紙を書きつける気にもなれない」。

このように日蓮は、夫と愛し子を失った尼御前と一緒の気持ちになってその苦しみを味わったあと、「追申」の中で、「さは候へども」と続けて、霊山浄土のことを説いている。

「「釈迦仏・法華経」に身を入れて信心なされていたから、臨終は見事であったであろう。心は亡き父と一つ所におもむき、霊山浄土に参って手をとりあい顔をあわせて喜びあっているであろう」。

日蓮は霊山往詣を、現在の成仏の延長としての死後の成仏であり、死からの救済であると教えたのである。日蓮とその信者にとって、題目を受持する現在の成仏者は未来の成仏者である。なぜならば、久遠釈尊を「今本時の娑婆世界は常住の浄土」というように、久遠の昔と現在は変わらずこの世とあの世も一体であるとし、文字通り「本時の浄土」として、時間と空間を超えて持ち続けられるからである。日蓮はこのように、人間の死を「霊山への旅立ち」と捉え、それを門弟に教え示していった。

臨済禅の行者・栄西

栄西（一一四一〜一二一五）は中国の南宗禅を伝え、日本に禅宗を樹立しようとした。備中の吉備津神社神官賀陽氏の出身である栄西は、少年期に故郷の安養寺で出家して天台僧となり、のち叡山に登って天台教学や密教を学んだ。仁安三年（一一六八）初めて入宋したが、わずか半年の滞在であった。中国でたまたま前年に渡航していた奈良の俊乗房重源《しゅんじょうぼうちょうげん》（一一二一〜一二〇六）と会い、ともに天台山・育王山を巡拝し同じ船で帰朝した。栄西は帰朝後、叡山に戻ったが、やがて備中・備前に布教し安元元年（一一七五）のころには九州今津の誓願寺に移った。これ以後、約一五年、栄西は誓願寺で再度の入宋の機会を待つ一方、天台密教の立場から諸書を著わし、仏跡を巡拝することによって正法の世を実現する自信を高めようと決意した。

文治三年（一一八七）、栄西は再び中国に渡った。衰微している日本の仏教をインドの仏教によって救うべく中国からインドへ入ろうとしたが、南宋の朝廷の許可を得ることができず、天台山に登り、万年寺の虚菴懐敞《えしょう》について禅を学ぶこととなった。このころ中国では、唐代に盛んであった神秀系の北宗禅にかわって、慧能系の南宗禅が興隆し、そのなかでも臨済宗が栄えていた。栄西は臨済宗黄竜派に属する懐敞から法を嗣いで、建仁二年（一一九一）帰朝した。帰朝後まず九州に禅をひろめ、筑前国香椎社のかたわらに最初の禅宗寺院といわれる報恩寺を建立し、そこで大乗仏教の菩薩として受けるべき戒律の授与の儀式「菩薩大戒の布薩」（懺悔説戒）を始めた。さらに栄西は建久五年（一一九四）上洛して、京都に禅をひろめようとした。

このころ、畿内では大日能忍《のうにん》が摂津国水田の三宝寺で師を得ないまま独自に禅法をひろめ達磨宗と称していた。能忍は受法の証明をするため、文治五年（一一八九）に弟子二人を中国に遣わし、宋の育王山の拙菴徳光から印可（修行が熟達したことの証明）と達磨像の著賛とを得た。徳光は臨済宗でも一派をなした大慧宗杲の法嗣で、宋朝の帰依も厚かった。その証明を得た能忍が自信を回復し、布教に積極的になったのは当然であった。日蓮が『開目鈔』に「建仁年中に、法然大日の二人出来して、念仏宗禅宗を興行す」と栄西よりも能忍を挙げたのをみても、いかに能忍の禅宗が当時さかんであったかがしのばれよう。能忍の弟子に覚晏があり、その弟子にのち道元の弟子となった孤雲懐弉《えじょう》がいるから、能忍の法は間接的にではあれ、懐弉を経て曹洞宗に伝わったことになる。

ひろまりゆく能忍の禅法に対して、いよいよ反対の気運が高まってきた。その中心は延暦寺であり、能忍の受法が不分明なこと、戒律軽視の行状などを非難した。栄西の九州布教が延暦寺の注意にのぼったのも、たまたま能忍の活動の時期と重なったからであった。延暦寺は朝廷に対して、「入唐上人栄西・在京上人能忍」らが達磨宗を開こうとしている風聞があることを訴えたので、建久五年（一一九四）七月五日の太政官宣旨で達磨宗は禁止された。このため、栄西は再び九州に帰り、建久九年（一一九八）のころ『興禅護国論』を著わし、その中で禅宗に対して一般が持っている誤解、とくに禅宗のひろまりを妨げることが延暦寺の祖道を誤まることを明らかにした。やがて、重源の没後、東大寺勧進職に任ぜられたり権僧正に叙せられるなど、武家へも接近し、鎌倉新仏教者の祖師のうちで最も上層階級に近かった。

栄西の禅は早くから台密を学び葉上流を創始した点からもわかるように、禅と密教の兼修禅であった。「持律第一葉上房」といわれたほど、持戒・持律を実践し、これを人々に勧めた。持戒を前提にして専心坐禅するならば、どんな人でも必ず得道すると教え説いたのである。末法のときに正法を再現し、仏法を中興しようとする栄西の熱意は強かった。その端的な集約が、元久元年（一二〇四）に著わされた『日本仏法中興願文』である。その中で、王法・仏法相依の関係を指摘し、当時の仏法が衰退しているのは僧侶の持戒と禅定の軽視にあるとして、朝廷に対して何よりも戒律を受持すべきとする「持戒為先」の禅宗の意義を強調している。

このように、戒律復興に身を挺した栄西は、人間の死をどう考えていたのだろうか。栄西の場合、他の新仏教者に比べ、なぜか死を語る場面が異常に少ない。その中にあって次の一文が注意される。

「また問うて曰く、「我が日本国に、達磨大師の知死期《ちしご》の偈有り、真偽は如何」知客答へて曰く、「喩《しめ》すところの法は、乃ち小根の魔子《ます》、妄にその語を撰するなり。夫れ死生の道は、吾が宗に在りては、本より去来、生死平等なるをもって、初めより生滅の理無し。もしその死期を知ると謂はば、これ吾が祖の道を欺くこと小害に非ずや。……」」。（『興禅護国論』巻中）

これは、日本に達磨大師の「知死期」の偈《げ》があるというのは本当かどうかを問われての答えの一節である。この問いに対して、栄西はこう答えた。

「死期を知るなどというのは、仏教的な資質に欠けた者が勝手に作り出したものだ。死生について、日本では、〝去ること来ること〟〝生まれること死ぬこと〟は等しく違わないとして、初めから〝生と滅〟に道理はないとしてきた。だから、かりそめにも人間の死期を知っているなどというなら、それは禅宗の教えに大きく背くことになるものだ」。

このように、栄西は禅僧らしく、人間に「生なく死なし」と捉え、むしろその生死を超克するところに禅宗の教えがあることを示したのである。

この禅宗における「死の超越」ともいうべき教えを、より徹底的に教え導いていったのが曹洞禅の道元である。道元の生涯を概観した上で、その死生観をみてみよう。

孤高の禅師・道元

道元（一二〇〇～一二五三）は希玄ともいい、父は村上源氏通親、母は藤原基房の娘と伝える。母との死別に世の無常を痛感し、叡山に登って仏法房道元と称し、天台僧として修行の道に入っていった。天台教学の修学中に仏性と修行との関係に疑問を抱いたが、叡山ではこの解答を得られず、建保五年（一二一七）、山をおりて建仁寺明全《みょうぜん》に師事し参禅した。そして貞応二年（一二二三）、明全に随行して入宋した。その目的は、承久の変による父方の悲運に無常感を深めた道元が衆生済度の念を強めたからとか、中国仏教を摂取して天台教団を補強しようとしたためといわれる。

中国に渡った道元は、はじめ諸寺を歴訪して臨済禅を学んだが、本師にめぐりあえず、天童山の長翁如浄のことを聞いて師事し、曹洞宗を学ぶに至った。以後三年間、道元は如浄から只《し》管《かん》打《た》坐《ざ》（余念なくひたすら坐禅をすること）の重要さを教えられ、その法を嗣《つ》いで安貞元年（一二二七）帰朝した。如浄から受けた禅法こそ仏祖単伝の唯一の正法であると確信した道元は、帰朝後、建仁寺に入り『普勧坐禅儀』を著わして坐禅を勧めた。寛喜二年（一二三〇）京都深草に移ったのち興聖寺を開いた。深草移住の翌年には『正法眼蔵』弁道話を著わし、坐禅が仏法の正門であることを明示しつつ、釈尊入滅後の仏法の状態を正法・像法・末法の三時に分けた「正像末三時思想」と男女貴賤の区別を否定して得道の普遍性を述べ、只管打坐の修行＝純粋禅を勧めて従来の兼修禅を強く否定したのである。

文暦元年（一二三四）には、大日能忍門下の覚晏の弟子、孤雲懐弉《えじょう》（『正法眼蔵随聞記』の編者）が帰入し、越えて仁治二年（一二四一）には、懐弉と同門の越前波著寺の懐鑒が弟子の徹通義介・義演らをひきいて集団入門し、僧団を形成していった。寛元元年（一二四三）のころ、叡山側の非難に対して、道元は純粋禅を擁護するため『護国正法義』を著わして正法禅こそ国家護持の仏法であると主張した。叡山側はこれに対して、前に道元が京都の宇治山田に建立していた興聖寺の破却で応えた。

道元は越前の在地領主の檀家、波多野義重や波著寺の懐鑒の勧めで越前に赴き、志比庄に大仏寺（のちの永平寺）を創建した。北条時頼は道元を招き、一寺を鎌倉に建立せんとしたが、道元は固辞して永平寺に帰り、後嵯峨天皇から賜わった紫衣《しえ》も生涯身につけなかったという。このように公武の権威をきらった道元は、越前の山間にこもってひたすら師如浄の訓誡を実践しつつ、弟子の育成と僧団の樹立につとめた。永平寺の道元は、禅林規範の典型とされる『禅苑清規《ぜんおんしんぎ》』さえ当世風であるとして自ら『永平清規』をつくり、純粋な理想主義を実現しようとした。

深草在住のころの道元は、出家主義を標榜しつつも貴賤男女の区別なき得道を説いていた。しかし永平寺に入ってからは出家主義を強調し、ついには在家成仏を否定するに至った。つまり、只管打坐の坐禅の実践こそ仏法の正門であるとし、焼香も礼拝も看経（経文を読むこと）もすべて方便として捨てて、専ら坐禅に徹することを力説したのである。

このように如浄から伝えた宋朝風の純粋禅を主唱する道元であるから、当時一般に流行していた儒仏道の三教一致説については「みみをおほふて三教一致の言をきくことなかれ。邪説中の最邪説なり」(『四禅比丘』)と言明した。また臨済宗の経典である楞厳経《りょうごんきょう》さえも祈禱的であるとして退けるとともに、同時代の禅宗他派の貴族化・官僚化も厳しく批判した。してみれば、只管打坐の結果、証(悟り)が実現するのではなく、坐禅そのものが悟りであるとする道元の修・証一如という思想的立場が、こうした坐禅以外のすべての営みを排させたといえよう。師如浄から嗣いだ禅こそが仏祖正伝の仏法とする道元は、禅を仏法の総府・正法であるといって、禅宗の名称はもちろん曹洞宗の宗名すら否定したほどであった。このように、道元は越前の山間でひたすら純粋禅を主唱・実践し、理想的な僧団の形成につとめたが、建長五年(一二五三)八月二十八日に没した。

生死の超克

道元はその主著『正法眼蔵』の「生死」巻で、とことん掘り下げた死生観を展開している。その簡明な文言の中に、彼の生と死に対する凝縮した思いがこめられている。

まず次の一文に注目してみよう。

「この生死は、即ち仏の御いのち也。これをいとひすてんとすれば、すなはち仏の御いのちをうしなはんとする也。これにとどまりて生死に著すれば、これも仏のいのちをうしなふ也、仏のありさまをとどむるなり。いとふことなく、したふことなき、このときはじめて仏のこころにいる」。

（人間の生と死は仏の命である。これほど大事なものをないがしろにするなら、それは仏の命を奪うことになる。また逆に、生死にとらわれすぎてしまうのも仏の命を奪うことになる。仏のありさまをとどめてしまうことになる。だから、私たちは生と死を、厭《いと》うこともなく、したうこともなくなったとき、〝仏のこころ〟の中にいるということを悟れるのだ）。

生死を仏の命と捉えた道元は、次いで「生死」巻第一段で、「生死即涅槃」という仏教本来の死生観に立って、いたずらに「生死を厭い、涅槃を求めること」の誤りを述べている。

「生死の中に仏あれば生死なし。又云く、生死の中に仏なければ生死にまどはず。こころは、夾山・定山といはれし、ふたりの禅師のことばなり。得道の人のことばなれば、さだめてむなしくまうけじ。生死をはなれんとおもはん人、まさにこのむねをあきらむべし。もし人、生死のほかにほとけをもとむれば、ながえをきたにして越にむかひ、おもてをみなみにして北斗をみんとするがごとし。いよいよ生死の因をあつめて、さらに解脱のみちをうしなへり。ただ生死すなはち涅槃とこころえて、生死としていとふべきもなく、涅槃としてねがふべきもなし。このときはじめて生死をはなるる分あり」。

生死が仏であるが故に「仏きり」と説く夾山と、生死が仏そのものであるが故に「生死きり」と説く定山の語を引きながら、「仏の御いのち」の生死について説く。生死のほかに仏を求めることはまったく無意味なことで、かえってそれによって生死の原因とかを集めては、解脱の道を見失うことになる。「生死は涅槃（さとり）」と心得て、その生死を厭うことなく、その涅槃を願うことがなくなったときに、苦である「生死」から解放されたことになると説く。

次いで第二段で、人間の「生と死」についてさらに追求する。「生きたらばただこれ生、滅きたらばただこれ滅」と説く圧巻の部分である。

「生より死にうつると心うるは、これあやまり也。生はひとときのくらゐにて、すでにさきあり、のちあり。故に仏法の中には、生すなはち不生といふ。滅もひとときのくらゐにて、又さきあり、のちあり。これによりて、滅すなはち不滅といふ。生といふときには、生よりほかにものなく、滅といふとき、滅のほかにものなし。かるがゆゑに、生きたらばただこれ生、滅きたらばこれ滅にむかひてつかふべし。いとふことなかれ、ねがふことなかれ」。

（人間の生涯を生から死に移ると考えるのは間違いだ。生はある時点のことであり、これにも後と先がある。だから仏法の教えに、「生は不生」というのだ。滅もやはりある時点のことをいうのであって、これにもあとさきがある。「滅は不滅」というのはそのためだ。したがって、「生」というときは「生」以外になく、「滅」というときも「滅」以外にない。だから「生きたなら生であり、滅きたなら滅にしたがう」のがよい。生と死を厭うこともなく、涅槃（さとり）を願うこともないのだ）。

第二段の「生きたらばただこれ生、滅きたらばただこれ滅」をさらに徹底させたのが第三段である。ここでは、まさに「生死の超克」の仕方が説かれている。

「ただし、心を以てはかることなかれ、ことばをもっていふことなかれ。ただわが身をも心をもはなちわすれて、仏のいへになげいれて、仏のかたよりおこなはれて、これにしたがひもてゆくとき、ちからをもいれず、こころをもつひやさずして、生死をはなれ、仏となる」。（人間の生死を、心や言葉で捉えてはいけない。身も心も捨て切って、仏の中に入りこみ、この仏の側から坐禅をしていけば、力も入ることなく心を費すこともなく、自然体で生死から放たれ、仏となれる）。

そして、「仏となる道」を具体的に示したのが第四段である。

「仏となるに、いとやすきみちあり。もろもろの悪をつくらず、生死に著するこころなく、一切衆生のために、あはれみふかくして、上をうやまひ下をあはれみ、よろづをいとふこころなく、ねがふ心なくて、心におもふことなく、うれふることなき、これを仏となづく。又ほかにたづぬることなかれ」。

道元は「仏となる道」として、悪を働かないこと、生死にこだわらないこと、慈しみと尊敬の心をもつこと、万事を厭わぬこと、願わぬことが大切であると説く。鎌倉新仏教者の中で道元ほど、私たち人間の生と死について徹底した思索を深めた人はいない。これを「仏の御いのち」と捉えて、真正面から追求し、私たちの生と死の苦しみを坐禅の中に解き放つ道を示したのである。そこには、苦海の世間に生きる現代の私たちの生きざまと死にざまをも照らし出す、ひとつの光明が灯されているように思える。

第五章　死生観の転換

中世の死のイメージ

ひと口に日本の中世仏教といっても、いわゆる鎌倉新仏教が興る中世前期と、その新仏教が南北朝期における一定の教団形成を終えて展開を遂げていった中世後期の室町時代とでは、大いなる差異が存する。よってここでは中世前期についても可能な限り目配りし、その比較を通して室町仏教の死生観を探ってみたい。

鎌倉時代の仏教説話集たる『沙石集』には前に引用したように、次のような一文が収録されている。

「死トイフコト、オソロシクイマハシキ故ニ、文字ノ音ノカヨヘルバカリニテ、四アル物ヲイミテ、酒ヲノムモ三度五度ノミ、ヨロヅノ物ノ数モ、四ヲイマハシク思ヒナレタリ」。

この史料から『沙石集』の作者無住が、死という不可避のものに対して、「恐ろしい」と

「忌まわしい」という観念を抱いていたことは容易に読み取れよう。死＝「忌まわしい」の観念は後述するように、必ずしも中世全期に通底したものではないにしても、死＝「恐ろしい」という恐怖の観念のほうは、中世全体、いな時空を超え、すべての人間が抱懐する根源的な観念であると思われる。

源信が『往生要集』で、臨終念仏の作法である「臨終行儀」を詳細に説き明かしたのも、その心奥に死＝恐怖なる観念が厳存していたからではなかろうか。源信は往生のための正しい念仏のあり方＝「正修念仏」を説示することによって、死の恐怖から自らを、また他者をも解き放とうとしたのである。

『沙石集』および先に挙げた（七五、七六頁）『今昔物語集』を見れば、中世の人々はその前期・後期の区別を越えて、一様に死＝恐怖なるもの、死＝閻魔庁への堕落と観念していたことがわかる。

死生観の転換

では中世とは、このように死をめぐって、恐怖心一色に塗りこめられた時代だったのであろうか。思うに如何に死ぬかということは、逆に言えば如何に生きるかということであるから、その「死にざま」についても、現実における「生きざま」が直接間接に反映されるに相違ない。つまり、個々の人々が如何なる「生きざま」を示したかによって、「死にざま」の観念も微妙に変わってくるのである。

したがって次なる作業として、中世における現実の「生きざま」を、(A)「現世に対する価値観」、および(B)「神祇観」の二つの物差しによって測定し、それによって「死にざま」を分析することが可能になる。

まず念仏門の親鸞を中心に考えてみると、親鸞の(A)「現世観」はこうである。

「火宅無常の世界は、よろづのこと、みなもて、そらごと、たわごと、まことあることなきに、ただ念仏のみぞまことにておはします」。(『歎異鈔』)

「穢悪濁世の群生、末代の旨際を知らず、僧尼の威儀を毀る。今の時の道俗おのれが分を思量せよ」。(『教行信証』)

右の二史料を総合していえば、親鸞は現世のすべての営みを火宅無常のものとして排し、かつそれを穢悪濁世の所業と捉えていた。親鸞は釈尊の入滅後二千年が経てば仏法が衰える末法期に入り、そのときにふさわしい教えは称名念仏だと確信した。それゆえ、彼の現世観は、現実の万事に対して完全なる否定精神に裏打ちされていたのである。

このような現世否定主義の立場をとる親鸞の、(B)「神祇観」はどうであろうか。

「かなしきかなや道俗の　良時吉日えらばしめ　天神地祇をあがめつゝ　卜占祭祀つとめとす」。(『正像末和讃』)

「かなしきかなやこのごろの　和国の道俗みなともに　仏教の威儀をもとゝして　天地の鬼

神を尊敬す」。(同右)

「涅槃経に言はく、仏に帰依せば、終にまたその余のもろもろの天神に帰依せざれ」。(『教行信証』)

この三史料が、親鸞の徹底した神祇不拝の声であることは、一目瞭然であろう。親鸞はその現世観・神祇観において、現世のもろもろのはからいを極限まで排除する現世否定の立場をとったのである。じつはこの現世否定の態度は、ひとり親鸞のみに発現したのではなく、その濃淡を別とすれば、いわゆる鎌倉新仏教の宗祖に共通してみられるものであった。

こうしてみれば、鎌倉時代にあっては、その新仏教者群を中核として、現世の「生きざま」を否定的に捉える思想傾向にあったと言わざるを得ない。

だが、この鎌倉期の現世否定主義も、蒙古襲来や新仏教の教団形成を通して、南北朝時代には大転換を遂げる。すなわち、(A)の現世観についてみれば、兼好法師は『徒然草』に、

「人、死を憎まば、生を愛すべし。存命の喜び、日々に楽しまざらんや。(中略)生ける間生を楽しまずして、死に臨みて死を恐れば、この理あるべからず」

と、現世肯定主義を吐露して、鎌倉期の現世否定主義と明確に一線を画したのである。

こうした南北朝期における価値観の転換は、もう一方の(B)の「神祇観」の上にも顕現していた。

「コノ大日本国ハ、モトヨリ神国トシテ、霊験イマニアラタナリ。天照太神ノ御子孫ハ、カ

タジケナククニノアルジトナリ」。(『諸神本懐集』)

「クニノ感応モ他国ニスグレ、朝ノ威勢モ異朝ニコヘタリ。コレシカシナガラ、仏陀ノ擁護、マタ神明ノ威力ナリ」。(同右)

この二史料は、本願寺第三代の法主覚如の長子、存覚《ぞんかく》の神祇観である。親鸞があれほどまでに厭離してやまなかった現実の穢土を、ここでは「神国」として容認し、あまつさえ、日本国は神明の威力で守護されている、とも説いている。してみれば、神祇観においても、南北朝期は大転換期であったこと、もはや多言を要すまい。南北朝期を日本思想史上における大きな節目と評する所以も、じつにここに存する。

このように、鎌倉期の現世否定を、その現世観のみならず神祇観においても一変させた南北朝時代であってみれば、現実における「生きざま」もプラスの価値判断のもと、肯定的に捉えられるようになることは自然の理であろう。

では、この南北朝期の一大転換をうけた室町時代の「生きざま」はどうであったろうか。

室町時代の死生観

初めに室町期の(A)「現世観」を探るために、庶民の生《なま》の声を反映した歌謡集『閑吟集』の次の一節に注目してみよう。

「年々に人こそふりてなき世なれ、色も香もかはらぬ宿の花ざかり花ざかり、たれ見はやさんとばかりに、又めぐりきてをぐるまの、我とうき世にあり明の、つきぬやうらみなるならむ、よしそれとても春の夜の、ゆめのうちなる夢なれや、夢なれや」。

自然の移ろいに人生の男女の出会いを掛けたこの歌の末尾の、「それとても春の夜の、ゆめのうちなる夢なれや」と詠まれた夢は、人生を否定の相において捉えるのではなく、現実に安住の心を乗せた夢であり、そこには『徒然草』の中に表出されていた現世享楽主義の心情が確実に継承されている。南北朝期の現実肯定的な精神傾向は、室町時代にも変わることなく続いていたのである。

では、もう一方の「神祇観」はどうか。一条兼良の『樵談治要』にそれを探ってみると、「我国は神国也（中略）君臣上下をのをを神の苗裔にあらずといふことなし。（中略）天子は百神の主也と申せば、日本国の神祇はみな一人につかさどり給ふ」

というように、日本＝神国の国家観のもと、神祇信仰を疑うことなく受容していた。そこには鎌倉期のような、日本＝穢土であるからそれを厭離して仏国土を構想しようなどという観念は微塵もない。室町時代にあっては、まさに、現世を肯定的に眺める「生きざま」が優先されていたのである。言葉をかえて言うなら、この娑婆世界は各人が己れの生を享楽するに相応しい価値あるものと考えられていたのであり、鎌倉期のような厭世的思考は大幅に退潮していた。

このように、現世における「生きざま」に肯定的な価値が与えられているときの「死にざま」とは、如何なるものであろうか。一般的に言って、鎌倉期のように現世拒否の傾向が支配的であるときには、「生きざま」のベクトルがマイナスに働くぶん、「死にざま」のベクトルはプラスに働く。

しかし、室町時代にあっては『閑吟集』に引いたように、その現世観および神祇観は現世肯定を基調とするものであった。果たして、室町時代において「生きざま」のベクトルは、「死にざま」のそれを凌駕していたのであろうか。具体的史料によって検証してみることにしよう。『太平記』の第二六「正行参㆓吉野㆒事」は、楠正行が高師直・師泰との決戦を前にして、弟正時らとともに吉野の皇居に参って、先帝後醍醐天皇の廟を拝したときの様子を伝える場面であり、そこでは次のようなある決意が表明される。

「只是ヲ最後ノ参内也ト、思定メテ退出ス。正行・正時（中略）以下今度ノ軍ニ一足モ不㆑引、一処ニテ討死セント約束シタリケル兵百四十三人、先皇ノ御廟ニ参テ、今度ノ軍難儀ナラバ、討死仕ルベキ暇ヲ申テ、如意輪堂ノ壁板ニ各名字ヲ過去帳ニ書連テ、其ノ奥ニ、

返ラジト兼テ思ヘバ梓弓ナキ数ニイル名ヲゾトドムル

ト一首ノ歌ヲ書留メ、逆修ノ為ト覚敷テ、各鬢髪ヲ切テ仏殿ニ投入レ、其ノ日吉野ヲ打出テ、敵陣ヘトゾ向ヒケル」。

この討死を覚悟の上で正行が詠んだ辞世の一句は、巫女が神霊や死霊を招くために用いる呪具たる梓弓を媒体にしたものであり、しかも梓弓を持つ巫女が民俗学の上で「仏おろし」に関与する事実から判断して、この辞世の歌には、死後の霊魂の存続を認めた、すなわち死霊と生

者との一体性ないしは現世と来世との連続性が存在していると解される。表現をかえて言うなら、この梓弓説話の思想史的背景には、鎌倉期の現世否定に代わる現世肯定を踏まえた死生観があり、そこには現世＝顕界と来世＝冥界とは巫女を介して常に往来可能な世界が拡がっていたのである。こうした世界観は徹底した現世否定主義のもとでは生じえず、むしろ逆に現世優先主義を前提にして初めて展開するものではあるまいか。

この梓弓説話の流布こそ、室町時代において「生きざま」のベクトルが「死にざま」のそれを上回っていた証左である。

いまひとつその史料的根拠を示そう。『三国伝記』巻第七から二八の「武州入間川ノ官首道心ノ事」がそれである。

武州入間川のあたりで耕作していた官首なる者が、その晩年に洛陽に草庵をむすんで過去帳を書いて有縁無縁を弔っていたところへ、某女性が訪れて、

「銭貨ヲ一連布施〆、我ヲモ過去帳ニ入テ給フベシト望ケレバ、過去帳ニハ去ニシ人コソ奉レ入レ現ニ在ス人ヲハ如何ト云ヘバ、女硯ヲ乞テ我カ名ヲ書付テカク計。

梓弓ハヅルベシトハ思ハ子バ無人数ニカ子テ入カナ

ト過去帳裏ニゾ書タリケル」。

この説話もまた『太平記』と同様、現世の生者＝某女性とその死後の死霊とが一体視された梓弓説話であることは自明である。

思うに、このような梓弓説話に決まって語られる逆修譚は、もともとは室町時代において民間習俗として定着化していた巫女による仏おろしに源をもち、それが徐々に説話の世界に取り込まれていったのであろう。

先に見た（七五、七六頁）『今昔物語集』の賀茂盛季は、いったんは閻魔庁に堕下した。しかし盛季は日ごろの地蔵信仰により、地蔵菩薩の化身である小僧のはからいを通して、「汝、速ヤカニ本国ニ返テ、三宝ニ帰依シテ、忽緒ヲ致ス事无カレ」という冥官衆の最終裁断をえて、冥界からこの世の顕界へと蘇生する。これも、室町期における現世と来世の連続性、あるいは「死にざま」よりは「生きざま」のほうに大きな価値を見出す死生観を背景にして誕生した説話であると見なしていいだろう。

戦国期の死生観

しからば、室町期の死生観は、すべてこのような現世肯定的な価値観をベースにして思念されていたのであろうか。答えは「否」である。じつは室町期にあっては、あの鎌倉期の親鸞の思想に回帰しようとする思潮が、蓮如を中心にして渦巻いてもいたのである。その浄土真宗における死生観の周辺を、次に考えてみることにしよう。

蓮如兼寿（一四一五～一四九九）の、(A)「現世に対する価値観」および(B)「神祇観」を物差しにして、彼の死生観を探ってみると、

「南無阿弥陀仏といへる行体には、一切の諸神・諸仏・菩薩も、そのほか万善万行も、ことごとく、みな、こもれるがゆへに（中略）いよいよたのもしきなり」。（『御ふみ』）

「一心一向に、弥陀一仏の悲願に帰して、ふかくたのみたてまつりて、もろもろの雑行を修する心をすて、又、諸神・諸仏に追従まうす心をも、みな、うちすてて（中略）ふかく如来に帰入する心をもつべし」。（同右）

となる。この二史料によれば、蓮如の現世に対する価値観は宗祖親鸞に回帰したごとく、はなはだ否定的であり、したがってその神祇観も、日本国の諸神を極力排除する神祇不拝を基調としていた。

蓮如の教え示した現世観・神祇観がこのように否定的であったとするなら、彼を中核とする当時の門徒の信仰世界は、前にみた世間の各方面に流布定着していた死生観に比して、すこぶる特異な存在といわなければならない。してみれば、蓮如自らが奇しくも開陳した、

「当宗を、昔より、ひとこぞりて、をかしくきたなき宗、とまうすなり（中略）そのゆへは、当流人数のなかにをひて、あるいは、他門・他宗に対して、はばかりなく、わが家の義をまうしあらはせるいはれなり」。（『御ふみ』）

の文言も、いよいよ真実味を帯びてくる。すなわち、蓮如とその門徒衆が形成する一向一揆の世界は、世俗一般の眼からみれば、「をかしくきたなき」ものであり、その意味でかなり特殊視されていたのである。

この一向一揆＝特異なる信仰集団ということを最も端的に証明しているのが、次の史料である。

「明応五年（一四九六）九月、地下に一向宗近年充満候者、太以不レ可レ然候、念仏申候を非レ嫌候、彼衆者専寺不浄死穢卅ケ日不レ忌、社家中ニ令二経廻一、諸人ヲ汚シ候条、言語同断次第候、穢悪ハ所二鬼神悪一也、此衆改替尤可レ然候」。（『忠富壬記』）

つまり、神祇信仰を容れて日本＝神国という国家観念をもって死穢を不浄視する当時の世俗的通念からすれば、一向一揆勢は、死穢を不浄とみなさない特異な存在であったのである。この時期の社会の多くは、一向宗に対して、念仏→死→不浄の脈絡にもとづきながら蔑視の眼を向けていたと解される。この蔑視の度は、一向宗がその念仏によって葬祭に従事することが増えれば増えるほど、それに比例して深まっていく。神祇信仰の輪が都鄙《とひ》の別を越えて拡散し、かつ葬祭儀礼が一般化するにつれて、一向宗は体制の外へと押しやられる。

そうしたなかにあって蓮如は『御ふみ』を通して、一向宗としてのあるべき死生観をこう教導した。

「人間はただゆめまぼろしのあひだのことなり、後生こそまことに永生の楽果なり」。（『御ふみ』）

「人間は、ただ電光朝露の、ゆめまぼろしのあひだのたのしみぞかし。たとひまた、栄花栄耀にふけりて、おもふさまのことなり、といふとも、それは、ただ五十年乃至百年のうちの

ことなり」。（同右）

「それ人間界の生をうくることは、まことに五戒をたもてる功力によりてなり。これ、おほきにまれなることぞかし。ただし、人界の生はわづかに一旦の浮生なり。後生は永生の楽果なり」。（同右）

「生あるものはかならず死に帰し、さかんなるものはつゐにおとろふるならひなり」。（同右）

蓮如が教え導いた死生観の特色は、人間の限られた「浮生」を思うよりも、後生の永生の楽果を期すべき点に求められる。そのためには当然のことながら、

「阿弥陀如来の本願（中略）を、ただ一念無疑に至心帰命したてまつれば、わづらひもなく、そのとき臨終せば、往生治定すべし」（『御ふみ』）

と、称名念仏の一行に徹するしか道はないと説いた。蓮如と一向衆の人々の前には、現世を肯定の相で捉え、冥界と顕界を連続的に思念したような死生観はまったく意味をなさない。一向勢にとっては、現世を肯定する生きざまよりも、来世における永生の楽果が保証される死にざまのほうが、より大きな価値を有していたのである。

一向衆徒の彼らは、その絶対的な念仏一行によって、死の持つ本来的な恐怖感から自らを解放していったといえる。念仏によって死の恐怖を克服した彼らを待ちうけるのは、後生における永生の楽果である。少なくとも、一向衆の人々は、世俗の現世肯定主義的な死生観をよそに、

そう思念しつづけていた。

以上のごとく、室町時代の死生観は、すべての人が基本的に死を恐怖すべきものと捉えていた点において共通していたものの、その死をめぐっては、「死にざま」よりも「生きざま」に人生の力点を置いた世俗的死生観と、それとはまったく逆に、「生きざま」よりは「死にざま」に有価値を見出した一向宗的死生観に両極化していた。少なくとも、中世においては生と死が常に相当な緊張感をもって人々の心を捉えていた。この一向宗的死生観が戦国期における争乱のなかで消失して、日本中世は終末を迎え、それに代わって、現世肯定的な死生観が世を襲うころ、時代はすでに近世に移っていた。

エピローグ

二人の僧侶

〝説教〟といえば、「また説教が始まったか」式に、「上からの一方的な押しつけ」と解する人が多いのではなかろうか。現代人にとって「説教」の二文字は心地よい響きを持っていない。本来ありがたい「僧侶の法話」として始まった説教が、「上からの一方的な押しつけ」の代名詞となり俗化してしまった現状を、世の宗教者はどう捉えられているのだろうか。

私もこれまで、折にふれさまざまな説教を聴聞してきた。心洗われる教会の牧師さんの説教に触れる機会もあった。無常を説いて参詣者にこの上ない感動を与えた仏教僧侶の説教を聴いたこともあった。しかし、いつもありがたい説教に恵まれるわけではない。

亡き故人の「戒名」の説明はおろか、仏教の片言隻語すら口にすることなく、ただ供養の食膳にすわり、立ち去るだけの典型的な葬式執行の僧侶もいた。そういうかたちで檀信徒と伝統的につながっている僧侶のほうが圧倒的に多いのではなかろうか。

かと思えば、三宝の「仏・法・僧」をご焼香の線香の数とからめて話し、参列者の多いときは「三本」、少ないときは「二本」でも構わないと、はなはだ合理的な説教を垂れる僧侶もいる。

その反面、末期ガンなどの患者が人生の締めくくりの時を過ごすホスピスを訪れて、患者の話や悩みに耳を傾ける僧侶もいる。『北海道新聞』平成十二年十一月十九日付の「死と向き合う」の特集では、その実例として釧路北病院を九年間にわたって月一回訪れている、浄土真宗本願寺派の僧侶を紹介している。死の不安や恐れを口にする人、「地獄に堕ちるのだろうか」と、ひとり苦しんだ末に尋ねるおばあちゃんもいた、とその特集は報じている。

ヨーロッパなどの話として、よくホスピスで患者の大きな心の支えとなっているのは、牧師さんであると聞くことがある。日本の場合、入院中の患者を檀信徒を理由に僧侶が訪れることは、「死」を極端に忌避する国民性もしくは縁起をかつぐ生活感情からして、今なお抵抗があるかもしれない。そのことは逆に言えば、檀信徒と僧侶とが仏縁を通した日常的な心の交流を欠いていることの反映でもある。さらに言えば、菩提寺の僧侶と檀信徒との関係が、「死の葬祭」だけの関係でしかないことの偽らざる証しであるともみられる。

私の知り合いの僧侶に、檀信徒との仏縁を大切にされ、心の触れ合いを日々、実践されている方がいる。ひとりは浄土真宗、もうひとりは日蓮宗の僧侶である。二人はともに、その触れ合いを定期的な情報誌に活字化されている。次にその一端を紹介する。

心のルネサンス

佐賀県の蓮福寺住職の菅原信隆師は、『無碍道』（第一一四号、平成九年三月十四日）の中で、「色即是空　空即是色」と題して檀信徒にこう説かれている。

「色即是空　空即是色（しきそくぜくう　くうそくぜしき）

これは般若心経の最初のほうに出てくる一句で、「色即是空」は、世によく知られているところである。たまたま何かのときにこの言葉が引用されることがあるが、後の空即是色、これがわからなければ、前の色即是空もわかっていることにはならない。色即是空・空即是色、この両方とも明らかに知られて、初めて禅の言う〝悟り〟の境地である。ここで言う「色」とは「形あるもの」という意味であり、物質的存在すべてをさしている。「空」とは「実体がない」ということであり、よってこの一句の意味するところは、「形あるものはすべて実体がないのであり、実体がないところに形があるのである」」。

こう説かれた上で、阿弥陀仏の救いとの関わりについて、次のように説示されている。

「冬が春となるのは、冬が自ら努力した結果ではない。太陽の光の力による。人の心の暗さが明るさに転ぜられるのは、不可思議にして偉大なる智慧の光による。よってこの救いは、自力に非ずして他力である。他力とは阿弥陀如来であり、阿弥陀如来とは、人間の根源を照らし出す光そのものである。

色即是空に表わされる色は煩悩が邪魔になっている人が見たそれであるが、その己が阿弥陀如来という光に照らし出されて転ぜられ、煩悩が邪魔にならぬだけではなく、喜びの生活となって味わわれるところに見られる世界が、空即是色の色として表されているのである」。

檀信徒とのこうした日常的な心の交流こそが、現代における「心のルネサンス」の実践ではなかろうか。

もうひとりの方は、函館市在住の原顕彰師である。師は昭和五十五年から、テレホン説教を開始して現在に至っている。その「テレホン説教百話集」の第三集（平成十年十二月刊）に、次のような日蓮宗僧侶にふさわしい、「遠い死」と題する話を披露されている。

「遠い死

日本人の平均寿命が八十歳を越え、大病さえしなければ、誰でも、長生きできるようになりました。しかし反面、それだけ私どもの生活の中では死というものが、遠い存在になってしまっております。考えてみますと死とは恐ろしく怖いものでありますが、でも今の自分にとっては、遠い将来の問題でしかありえないのであります。しかし、仏様は、人間は生きることを考える前に死ぬことを考えねばならない、と教えるのであり、日蓮聖人は「賢きも、はかなきも、老いたるも、若きも、定めなきならいなり、されば、まず臨終のことを習うて、他事をなろうべし」と教えられ、毎日の生活は死を前提とせねばならないと云われるのであります。このことは、私どもが死を間違って捉えている、という戒めの言葉でもあります。すなわち、私どもは、死は遠い将来のこととして捉えているのに対し、仏様や日蓮聖人は、死は今のこととして捉えておられるのであります。私どもにとっては、親、兄弟、近親者、友人等の死に遭わねば、死は現実のものではなく、遠い将来の出来事でしかありえないのであります。ましてや自分の死などはあり得ない、と思うのであります。ですからこそ、仏様も日蓮聖人も、人間は、身近に迫った死を自分のことと捉え、死に対する真剣な心構えが必要である、と説かれるのであります。私どもはこのことを忘れ、死が迫ってから慌てふためき、うろうろするばかりなのであります。ですから死に対する心構えは、若いうちに築いておかねばならないのであります。また元気な今、死を考えることによって、毎日の生活そのものが真剣にもなり、かつ充実した生活や人生を送れるのではないでしょうか。遠い死を身近なものと捉えて、もう一度、命の尊さをかみしめて頂きたいものであります」。

日蓮の死生観を、このようにわかりやすく説き明かされ、生きることの意味を問いかけられている。これまた、まさしく現代における生と死についての「心のルネサンス」である。

むすび

本書の稿を閉じるにあたり、簡単なまとめをしておきたい。

日本は宗教の博物館と言われるほど、じつに多数の宗教がある。そしてその信仰のありようも、伝統的な神社信仰もあれば、「無信仰の信仰」と化して久しい既成仏教もあるという現状である（第Ⅰ部）。

戦後、半世紀を経た今、私たちは日本人としての人間らしい生き方、死に方を、必ずしも見出せずに困惑している。そこに、「臓器移植法」である。私たちは、否応なしに、「脳死」をめぐり、自分の死、人間の死について真剣に考えざるをえなくなった。私はその一つの試みとして、死を四つのアプローチから構造的に捉え、それぞれの死に対するイメージに迫ってみた。脳死やドナーカードの所有、さらには現代人の来世観についても、アンケートによる分析を試みた（第Ⅱ部）。

日本の歴史の上で、日本人の心に最も大きな影響を与え、日本的な思想の主要な部分を形成したのは、なんといっても鎌倉新仏教の思想運動であった。同時に、日本人の来世観について決定的な影響を与えたのも、その新仏教であった。生と死の緊迫したリアリティが最大限に問われたことは、この中世をおいて他にないだろう。

このはかり知れない豊かな思想結晶をもたらした新仏教も、江戸時代以後の近世から近代の歴史のなかで、「体制宗教」化の道を余儀なくされた。既成仏教の「無信仰の信仰」の始まりである（第Ⅰ部）。

二十一世紀を迎えた今日、私たちの心は深い混迷の淵にある。さて、どうすればいいのか。なにごとにおいても物欲最優先の考えを見直す必要があるのではあるまいか。モノよりも、豊饒な心を優先させて生きた中世の宗祖たちに、人間としての生きざまを学ぶこともその一つの手立てではなかろうか。言うなれば、現代の私たちには、「心のルネサンス」が必要であるように思われる。いかに生きるかは個人個人バラバラであるが、「いかに死ぬか」という一大問題には、人間としての共通性があるはずである。

人間としての「生きざま」と「死にざま」を、極限まで緊張感をもって生き抜いた中世の宗祖たちの心の軌跡、この軌跡は必ずや、生き方と死に方をめぐり迷いの真只中にいる現代の私たちに、なにがしかの生きるヒントを与えてくれるに違いない（第Ⅲ部）。

死はよりよき生活への門戸であるという信念を持てる人は、死に対する恐怖も和らぐ。死は終わりではないと信じられる人はその意味で幸福である。仮りにそのことは措くとしても、ただ言えることは、なにごとにおいても信仰心なき人は、人間として高慢な生き方に堕しやすくなる。心の潤いを消失し心を貧困にさせてしまうきらいがある。人間として、人間らしく生き、人間らしく死ぬとはどんなことか、こんな壮大なテーマに解答など所詮あるはずがない。

けれども稿を閉じるにあたり、私たちはもう一度、『出家とその弟子』の冒頭の、「人間」と「顔蔽ひせる者」とのやりとりを想い起こしてみよう。

私たち人間は、「千年も万年も生きてゐたい。いつまでも。いつまでも」と念じても、みな等しく「死ぬるもの」であることを、戯曲『出家とその弟子』は教え示していた。この厳粛な事実は、私たち人間にとって、未来永劫に変わらないのだ。

註

(1) 水野弘元『仏教要語の基礎知識』(春秋社、一九七二年)。
(2) 量義治『無信仰の信仰』(ネスコ、一九九七年)。
(3)(4) 同右。
(5) 大塚民俗学会編『日本民俗事典』(弘文堂、一九七二年)。
(6) 同右。
(7) 阿満利麿『日本人はなぜ無宗教なのか』(筑摩書房、一九九六年)。
(8) 佐々木馨「神国思想の中世的展開」(黒田俊雄編『国家と天皇』所収、春秋社、一九八七年)。
(9) 佐々木馨「近代仏教」(大隅和雄・速水侑編『日本仏教史』所収、梓出版社、一九八一年)。
(10)(11) 同右。
(12)~(14) 佐々木馨「松前藩における近世仏教」(圭室文雄編『論集日本仏教史』7所収、雄山閣出版、一九八六年)。
(15) 量義治『無信仰の信仰』(前掲)。
(16) 日野原重明「よく生きることは、よく死ぬこと」(『死生学がわかる』所収、朝日新聞社、二〇〇〇年)。
(17)(18) 須田朗「哲学における死の問題」(『哲学』所収、メヂカルフレンド社、一九九一年)。
(19) 立花隆『証言・臨死体験』(文藝春秋、一九九六年)。
(20) E・キューブラー・ロス『死ぬ瞬間』(読売新聞社、一九九八年)。
(21) 天笠啓祐「尊厳死」(前掲『死生学がわかる』所収)。
(22) 市立函館病院高等看護学院第四八回生A組による「看護研究」の一環として行なわれた「あなたはドナーカードを知っていますか—看護学生の脳死・臓器移植に対する意識調査から—」に拠る。

（23）木下順一『湯灌師』（河出書房新社、一九九七年）。
（24）森一郎「哲学にとって死はどこまで問題か」（『東京女子大学紀要論集』第四九巻第一号所収、一九九八年）。
（25）マルティン・ハイデッガー『存在と時間』下巻（『ハイデッガー選集』十七、理想社、一九六四年）。
（26）樋口和彦「死を受容する」（前掲『死生学がわかる』所収）。
（27）E・キューブラー・ロス『死ぬ瞬間』（前掲）。
（28）柏木哲夫『死を看取る医学』（日本放送出版協会、一九九七年）。
（29）楠正弘「庶民信仰における生と死」（『日本仏教学会年報』第四六号所収、一九八一年）。
（30）葉室頼昭『神道と日本人』（春秋社、一九九九年）。
（31）山田孝子『アイヌの世界観』（講談社選書メチエ24、一九九四年）。
（32）早島鏡正「初期仏教における生死観」（前掲『日本仏教学会年報』第四六号所収）。
（33）水野弘元『仏教要語の基礎知識』（前掲）。
（34）金岡秀友「密教の生死観」（前掲『日本仏教学会年報』第四六号所収）。
（35）大谷光真・中川秀恭・養老孟司「「宗教の世紀」の幕開き」（『中央公論』二〇〇一年一月号所収）。
（36）松原秀一・養老孟司・荻野アンナ『死の発見』（岩波書店、二〇〇〇年）。
（37）梅原猛『地獄の思想』（中央公論社、一九六七年）。
（38）佐々木馨『中世国家の宗教構造』（吉川弘文館、一九八八年）。

あとがき

夜明け前、いつもとは違う喉の渇きで目が醒めた。それから一時間も経ったであろうか、函館の妻から、寄寓先の北京・友誼賓館に国際電話が入った。「秋田の母が死んだ」と。

あまりにも突然の訃報。にわかに信じがたく、しばし茫然自失した。くも膜下出血による二年にわたる植物状態の末のあっけない旅立ちであった。

これは、今から八年前の平成六年四月五日のことである。国際交流基金の派遣教員として、北京日本学研究センターに出講して、ちょうど一週間目のことであった。研究センターの開講直前に北京入りしたばかりで、一時帰国を申し出ることなど、学生のこと、同僚のことを考えればできない相談であった。

そう悟ったあと、なんとか弔電を打った。

異国に聞く母の訃報　驚きかつ口惜しく思う。

慈母の施せしあまたの恩をしのべば、

感謝の涙つゆも止まらず。
言葉なく苦痛と闘いし老母の姿、
いかばかりの苦しみかと、同情してやまぬ。
いま、召されて天国の父のもとに往《ゆ》く、
わが父と再び契りあれ、愛し子らと楽しく語りあれ。
羽もなく飛び立ちかねるわが思い、鳥に託して、冥福を祈るのみ。

遠く北京より、母を悼みつつ　　合掌　愚息

こんなことになるのなら、日本を発つ前に、最後の顔を見てくれれば、と悔やまれてならなかった。

帰国する七月中旬まで、研究センターで授業のない日はほとんど毎日、宿所から約一里ほどの大鐘寺に足を運んだ。その往復の道すがら、よく『宇治拾遺物語』十九話の「清徳聖奇特の事」を想い起こしていた。

清徳聖が母の死に遭い、ただひとり愛宕《あたご》の山に行き、大石を四角に置き、その上に棺を置いて、千手陀羅尼《せんじゅだらに》を片時も休むことなく、打寝ることもせず、物も食わず、湯水も飲まずに、声を絶やすことなく誦し奉り、棺を巡ること三年を経過した話である。

そして、清徳聖は、三年目の春に夢となくうつつともなく、ほのかに「此陀羅尼をかくよるひるよみ給へば、我ははやく男子となりて、天に生れにしかども、おなじくは仏になりてつげ

申さんとて、今までは、つげ申さざりつるぞ。今は仏になりてつげ申也」という母の声が聞こえたという話である。

清徳聖のように、私は僧籍に身を置いていないが、なぜか大鐘寺へと向かっていた。

本書の執筆動機をありていに言えば、この、子として見送りできなかった母の死にある。母の死後、続けざまに、六五歳を前後する長兄、長姉、次兄がこの世を去った。いまの時代、どうみても早すぎる肉親の死に、いつしか私は、人間にとっての「生と死」について少しずつ考えるようになった。

近年、私のこの内なる動機を一層かり立てる、いくつかの外なる動機が持ち上がった。

一つは、一九九七年の「臓器移植法」の制定と、これにもとづく「脳死」の問題である。この未曾有の問題について、私は門外漢ながら、出講先の看護学生と「哲学」の授業を通して、一緒に勉強する機会に恵まれた。このことが私を「生と死」の一大テーマにのめり込ませていった。

さらにもう一つ、外なる動機として、平成十二年四月から勤務先の北海道教育大学附属函館小学校長を併任したこともあるように思う。時として命の軽視が指摘されるなか、子供たちの無邪気で元気な顔を見るにつけ、幼な子たちの「いのち」の尊さを思わずにはおれない。

そんな中、『北海道新聞』の特集「死と向き合う」の記事が私の目にとび込んできた（平成十二年十一月二十二日付）。「子供の心に育て〝生きる力の種〟」という見出しの記事が。

兵庫県家島町・坊勢小学校の西本義之教諭が『葉っぱのフレディ』を四年生の子供たちに朗読し、「命の尊さ」を伝えていると、報じられている。この授業実践をみて、私はレオナルド・ダ・ヴィンチの「十分に終わりのことを考えよ。まず最初に終わりを考慮せよ」の言葉を想い起こした。学校教育における「死の教育」である。

この内なる動機と外なる動機の相乗のもと、私は「生と死の日本思想」を、不備を覚悟で執筆することを決断した。平成十二年十二月初めのことである。

十二月五日、編集の中嶋廣さんと、その「生と死の日本思想」のアウトラインをめぐり編集協議をもつことができた。その三年前に当時は法藏館東京編集部の瀧川紀さんと交わしていた約束では「日本中世文化史」に的をしぼるはずであったのだから、中嶋さんはさぞびっくりされたに違いない。

しかし、中嶋さんは編集のベテランらしく、親身に耳を傾けてくれ、適切なアドバイスもしてくれた。その場で、「生と死の日本思想」を大筋で認めてくれた。思えば、内容の大幅変更であり、多大なご迷惑をおかけしたことは間違いない。心より感謝したい。

内容的には、第Ⅲ部の第五章（初出「室町仏教における生死観」『印度哲学仏教学』第四号、平成元年十月）を除けば、基本的にはすべて書き下ろしである。

本書の執筆に際しては、さまざまな形で多くのご意見や声を採り上げさせていただいた。とりわけ市立函館病院高等看護学院のみなさんには、「看護研究」のアンケートを活用させていただいた。「アンケート調査」の項目立項については、北海道上士幌高校教諭の阿部保志君、また各種レポートの整理については、勤務先の教室の橋田大輔君（現在、北海道穂別小学校教諭）に献身的なお手伝いをいただいた。併せて、心よりお礼申し上げたい。

私たち人間にとって解答のない永遠のテーマに、私は無謀にもアタックしてみた。不備を覚悟とはいえ、何とか体裁だけは整えて世に送り出すことができたように思う。出来の悪い子ほどかわいいと、よく言われる。今回同じような気持ちで、私の分身を江湖に問うこととなった。忌憚のないご叱正を切にお願いしたい。

平成十四年一月七日

新春の函館にて　　　著者識す

佐々木馨（ささき　かおる）

1946年、秋田県生まれ。1975年、北海道大学大学院文学研究科博士課程中退。専攻、日本中世仏教史。現在、北海道教育大学教授。文学博士。著書に『日蓮と「立正安国論」』（評論社）、『中世国家の宗教構造』『中世仏教と鎌倉幕府』（共に吉川弘文館）、『アイヌと「日本」―民族と宗教の北方史』（山川出版社）などがある。

生と死の日本思想
―現代の死生観と中世仏教の思想―

二〇〇二年三月二〇日　初版第一刷発行
二〇〇六年九月　五　日　初版第三刷発行

著　者　佐々木馨
発行者　中嶋　廣
発行所　株式会社トランスビュー
東京都中央区日本橋浜町二―一〇―一
郵便番号　一〇三―〇〇〇七
電話　〇三(三六六四)七三三四
URL http://www.transview.co.jp
振替　〇〇一五〇―三―四一一二七

印刷・製本（株）シナノ

ISBN4-901510-04-5　C1015